「聴く力」「伝える力」を高めて先生を楽しむ秘訣

ウェルビーイングな教師の「コミュ力」高い働き方

能[illegible]之 著

明治図書

はじめに

初めまして、熊谷雅之と申します。愛知県の公立中学校で働く、平凡な現場の教師です。**私には「願い」があります。それは、日本のいたるところの学校で「子どもの幸せを第一に考えた教育が行われること」です。つまり、子どもたちが「楽しい！」と言って学校に通えるような国になってほしいということです。**

去年の3月、私は親友の福井先生と共に『中学校に行くのが楽しくなる本』（みらいパブリッシング）という本を出版しました。その中で、「学校はただの建物でしかない。学校を楽しくするのは、自分自身の考えと行動だ！」「いい人生は、自分で創る！」と書きました。

与えられるのをただ待つだけの軟弱な子どもではなく、環境に負けず、自らの考えと行動で未来を切り開く、たくましい子どもに育ってほしいと願ったからです。

…しかし、やはり環境は大切です。そしてほとんどの子どもは環境を選べません。地元の公立校に通う子がほとんどです。

にもかかわらず、子どもだけに「学校を楽しめるかどうかは、君の自己責任だ！」と押し付けるのは、あまりに酷です。大人には子どもの教育環境を整える責任があります。

では、子どもにとっての「教育環境」とは、何でしょう。

私は「教員こそ最大の教育環境」だと思っています。子どもに向き合う教員がやりがいを感じ、正しく接し、楽しく働けば、学校が楽しいと感じる子どもは増えます。

では今、教員が楽しく働ける環境なのでしょうか。

ついに採用試験では、定員割れする自治体が出ました。教員が足りないままスタートする学校も増えています。その結果、多くの仕事を抱え、余裕のない教員が増えました。

また、2021年度、精神疾患を理由に休職した教職員は5897人を記録し、過去最多となりました。感覚が麻痺しそうになりますが、その一人一人に「家族」や「仲間」があり「人生」があります。苦しんでいるのは私たちの仲間です。

実際に職場や講演会で「苦しい…」と悩む先生方に何人も出会いました。

そのたびに子どもに対しては「誰一人置き去りにしない」と言っているのに、全国には

辛い想いを抱え、「置き去りにされている教員」がこんなにもいるではないか、と思うのです。

私たちは子どもと笑い合う未来を夢見てこの仕事を始めたはずです。職場は我々教員の自己実現の場でもあります。

それは「子どものため」という自己犠牲のうえに成り立つものではありません。私たちはもっと楽しむべきです。

我々が仕事を楽しまなければ、本当に学校から教員がいなくなってしまいます。

私はこの現状を変えるため、現場でできることを提案したいのです。

現場の教員は決して無力ではないと信じています。

私が考える、「教員を楽しむ秘訣」を聴いてください。

それは2つの力を鍛えることだと思っています。いやむしろ、つくづく教員の仕事は、つまるところこの2つの力を使うことだけに集約されると思えてなりません。

1つめは、目の前の子どもの生の声（本音）を聴く力です。

2つめは、伝えたいことをダイレクトに目の前の子どもに伝える力です。

なぜなら教員という仕事の楽しみは「人間関係」の中にあり、「人間関係」をつくるコミュニケーション能力とは突き詰めると「聴く力」と「伝える力」だからです。

2つの力を鍛えれば、今の職場で、役職に関係なく、仕事を心から楽しめます。

また本書では、この2つの力を最大限発揮するための「前向き状態」をキープする方法も紹介します。いくら最強の2つの武器を手に入れたとしても、使う人が「使える状態」になっていなければ、「豚に真珠状態」になってしまうからです。


この本を読んだ方が、それぞれの現場にいる方を巻き込み、「仕事を思いきり楽しむ現場の教員の連帯」を広げていってほしいのです。

教育の生命線は、最前線で働く現場の教員です。子どもと毎日向き合い、近くに寄り添い、笑い、時に涙する人間らしい皆様が、笑顔で働けることを願いつつ書き進めます。

教員が学校を楽しまなければ、子どもが学校を楽しめるはずがない！

まずは我々教員が、思いきり学校を楽しんでやろうではありませんか！

著者　熊谷　雅之

目次

第2章 「聴く力」を発揮する11の秘訣

第3章 「伝える力」を発揮する10の秘訣

第1章

「聴く力」「伝える力」を発揮する「前向き状態」をキープする10の秘訣

1 最強の「メンタルを守る力」とは、自分に満点をつけること

「最悪だと思う自分」がいることを認め、まるごと受け止めて愛することから始めよう

「前向き状態」とは「メンタルが安定していること」です。そのためには「自分のことを好きでいること」です。

理由1 メンタルバランスを崩す人の共通点がある

「今の自分が好きですか?」と聞かれたら、100点満点中、何点と答えますか?

メンタルを崩しやすい方には共通点があります。それは、まじめで、優しくて、がんばりやさんで、責任感が強いのに、この点数が異常に低いのです。

「嘘? 優しいがんばりやさんは自分のこと好きでしょ!」と思いますよね? 一度あなたの教室で聴いてみてください(同僚にも聴いてみてほしい)。

いや、ぜひ明日にでも聴いてほしい。それだけでもこの本を読んだ価値はあります。もちろん私も聴いてみました。リーダーの子が「5点です」と答えた時には、震えました。

「君のように素敵な子がどうして…」と悲しくなりました。

「私なんて…」「空気を読まなきゃ…」「調子に乗っていると思われたくない」「人と違うと仲間外れにされるから」といった空気の影響でしょうか。

100点以外と答えた方。**今日から毎朝、「今日も私は100点満点」と思ってスタートしませんか？ ナルシスト万歳。別に誰に迷惑をかけているでもなし。自分大好きでいきましょう。これは決意の問題です。**

教員は、子どもを褒めているのに、自分が褒められることってあまりないですよね。そのうえで自己評価まで低いなんてかわいそうすぎませんか？ 他者評価は厳しいのです。せめて自己評価は満点で。

理由2　最悪だと思う自分にこそ満点をつけることが教育者としての第一歩

点数の低い多くの人は「失敗だらけで…」とか「自分の性格が嫌で…」と答えます。

しかし私は、**「その最悪だと思う自分にこそ、満点をあげて！」**と言いたいのです。

それこそが本当の意味で「自分も他者も大切にすること」です。

「慈悲」という言葉があります。他者を慈しむという意味の素晴らしい言葉です。なのに、なぜ「悲」という真逆にも思える文字が入るのでしょうか？

これは「悲しみこそ慈しむ」と読むからです。

つまり「悲しいほど最悪だと思う自分」を切り捨てず、むしろ愛することが、本当の意味で自分を大切にするということなのです。

それができて初めて、苦しんでいる子にも寄り添えるのです。

この世に生きる人は、みんな何らかの悲しみを抱えています。だから手を取り合える。

にもかかわらず、教員が「よい時の自分は好き」「よくない時の自分は嫌い」という考えなら、悩んでいる自分や、子どもや、同僚に対してどうなります？　よくない時の自分を乗り越えた人は、「何やってんだよ。がんばれよ！」と、弱さを克服できない人を見下しがちです。よくない時の自分を乗り越えられないと思っている人は、「がんばっても無駄。世の中そんなものだよ」と、立ち向かうことをあきらめ、子どもと共倒れです。

そんな言動じゃ、誰も幸せにはなれません。

今の自分をまるごと認めましょう。

それができない方は「ひび割れ壺」というお話を読むことをオススメします。完璧じゃないって素敵なことだと気付かせてくれます。

今日からは自分の嫌なところが見えても「仕方ない！　これも自分だ！」と思いましょう。そして「自分なら必ずできるようになる！」という向上心と希望を胸に。改善方法は山ほどあるのです。1個ずつ試していけばいいと思います。その道中、反省はいいけど、自己否定はダメです。完成された教員なんて一人もいません。誰もが成長の途中なのです。

そして、自分を好きになれたら、子どもにも「私は自分が大好きです。そしてあなたも100点です！」と伝えましょう。自分が好きな子どもを育てましょう。

そんな教員が一人でも職場にいたら、素敵ですよね。私とあなたでなりましょう。

2

仕事を楽しむコツは、セルフペップトークで
自分を満たし、自分を整えること

自分をハッピーにするセルフペップトーク（乾倫子先生より）

みなさんは、自分を励ましていますか？　私からは「自分への励まし方」を伝えます。

私は20年間、小学校の先生をしていますが、今でも余裕がなくなることや、悩むことがありました。情熱をもって先生になったからこそ、「きちんとやらないと！」「がんばらないと！」という想いが強く出てしまいます…。

でも、「自分を励ましていいんだ！」と思えた時から、この仕事を楽しめる時間が増えました。**私がみなさんへ伝えたい自分への励まし方。それは「ペップトーク」というスキルを学んで得たものです。**今では日本ペップトーク普及協会の講師として、また、学校でペップトークを授業にした活動**「ペップティーチャー」**としても活動しています。

ペップトークとは大事な本番前のスポーツ選手や子どもたちの心を最適化する言葉かけ

です。相手の心に寄り添い、背中を押すコミュニケーションスキルの１つです。

手順１　４つのステップでかけあがろう！

ペップトークは４つのステップで言葉を伝えます。

①「受容」…事実を受け入れる。
②「承認」…捉え方をプラスに変換する。あるものを承認する。
③「行動」…「～するな」ではなく、「～しよう」と肯定的に伝える。
④「激励」…心の最適化のために必要な背中のひと押しをする。

例えば、運動会の本番前にペップトークを取り入れると、こうなります。

①「いよいよ本番が来たね。緊張しているかな？　それともワクワク？」
②「緊張しているのは本番を成功させたいという本気の証。一生懸命練習してきたね！」
③「さあ、もっている力を全部出しきって、楽しんできてね！」
④「レッツゴー‼」

今回はこのペップトークのスキルを使って、「セルフ」ペップトークを実践してほしいと思います。人は一日に2万語から8万語のセルフトークをしていると言われています。そのセルフトークをペップトークにすると、**「言葉の力」**が自分によい影響を与えます。だからこそ、自分がご機嫌でいる言葉を普段から見つけて使っていってほしいのです。

手順2 セルフペップトークをやってみよう！

私のことを例にしてみます。

①「自分の仕事に自信がなくて、がんばってもできないっていう気持ちになるよね」
②「でもそれは、自分がこの仕事を大切に想っているということだし、がんばって取り組んでいる証拠。それに、できていることや認められていることもいろいろあるよね」
③「うまくできないことは教えてもらって、助けてもらおう。その分、自分ができることでお返ししよう！」
④「できていることもできないこともまるごと、そのままの私が大好きだよ」

このように、何度も何度も自分にセルフペップトークをしてきました。

失敗するたび、へこむたびに、自分に「大好きだよ」と伝え続けました。自分ぐらいは、自分の味方でいることを続けました。自分が自分の味方でいると、気分が少しだけ楽になります。この少しの余裕で、周りを見ることができ、人の優しさを感じられるようになりました。自分から見えている世界の解釈が変わりました。すると、先生という仕事がますます楽しくなりました。

私がオススメする「先生」を楽しむ秘訣は、自分にペップトーク（セルフペップトーク）をして、自分を満たし、整える、です。

みなさん、ここまで読んでくださりありがとうございます。

この本を手に取り、先生を楽しみたい、楽しいと思っているみなさんが、さらにハッピーになることで、みなさんの目の前の人たちも幸せになっていきます。

もし、身近に「仕事が苦しい…」と悩んでいる人がいたら、ペップトークで励ましを送ってください。そして、セルフペップトークを教えてあげてください。

そんな「あったかい言葉でつながる励まし合いの光景」を想像するだけで、私はまた楽しくなります。

みなさんの「先生」生活が、楽しくてハッピーなものになることを願っています！

3 心のバランスを保つ言葉をもっておく

それでも落ち込んでしまうのが人間。
そんな時はハードルを地面スレスレまで下げよう

自分に満点をつけ、自分を励ましても、メンタルの安定が崩れる時は崩れます。そんな時は、処方箋となる言葉が必要です。言葉の力で再び自分を「前向き状態」に。

心が疲れた時ー「絶対に今日はがんばらない」～ハードルを下げる～

ある日の朝、さっぱりして素敵な女性の先輩先生（体育担当）が笑顔で**「熊谷先生おはよう！　今日も一日がんばらないでいこうね！」**と声をかけてくれました。

私は思わず「今日もがんばろうね…じゃないんですか？」と笑って答えると、**「今日はがんばらなくてもいいよ。職場にいるだけでOK！」**と、これまた笑顔で言ってくれました。そのひと声に本当に救われました。

その日の帰り、その先輩に「今日は一日がんばりませんでした！」と報告すると、**「いや、一日の最後は自分を褒めて終わってあげればいいんだよ。よくがんばったね！」**と言われて、笑いながら泣きそうになりました（笑）。

そこから、疲れてしまった日は**「今日はがんばらない。今日はいるだけ」**を心で連呼します。ぜひあなたも一日限定で「がんばらない日」をつくってみては？　そして周りの疲れている先生にも言ってみてください。現場にがんばっていない人はいませんから。

心が疲れた時2　「とりあえず寝よう」～自分にご褒美～

睡眠は心が病むことを防ぐ大きな防御壁です。また、寝ている時に見る夢は、日中のストレスを脳内で整理しており、心が病むと実際に夢が消えると言われています。

いろんなストレス発散方法がありますが、睡眠こそ原点にして頂点です。心のバランスを崩す前に、すべての出来事に蓋をして、「結局睡眠が最強だよな！」と自分に言い聞かせて、潔く寝ましょう。

何をするにも健康第一。元気な体があってこそ。がんばっている自分に睡眠というご褒美をプレゼント。そして眠そうな仲間にも「寝てる？」と聴いてみてください。

落ち込んだ時1　「これでまた成長できる！」～プラス変換～

「センス」という言葉があります。憧れるほどセンスがある教員いますよね？

センスという言葉を辞書で引くと「物事の微妙な感じを悟る心の動き」とあります。

微妙な感じを悟れるのだから、繊細な心の持ち主。つまりセンスとは、傷ついてきた数だけ磨かれると思っています。

傷ついてきたからこそ、うまくできない子どものわびしい気持ちに共感できるのです。

傷ついてきたからこそ、同じ失敗を繰り返すまいと努力をしてこられたのです。

落ち込むたびに「これでまた成長できる！」とつぶやいて、自分を奮い立たせています。

落ち込んだ時2　「楽しむために生まれてきた！」～楽しむ意志～

「衆生所遊楽（しゅじょうしょゆうらく）」という言葉があります。**人は遊び楽しむためにこの世に生まれてきたという意味です。遊ぶために生まれてきたなら楽しまなきゃ損。**

ディズニーランドに行って、ネガティブ思考で下を向いて、1つもアトラクションに乗らず、「さてと…帰りますか…」と言う人がいますか？（笑）

わざわざ自分から苦しむように考えるメリットなんて何1つありません。ミスは一旦棚に上げて楽しみましょう。そして仲間にも「今日も楽しもう！」と声をかけましょう。

とっておきの言葉

「生きている限り何度だってやり直せる！」
～当たり前に感謝～

例えば人は亡くなったとしても、想いは受け継がれると、私は本気で思っています。私には心から尊敬する先輩がいます。再び教壇に立ちたいと強く願いながら、今はもう立てません。でも、毎日思い出します。教員という仕事に誇りをもった人でした。ちょっと仕事に疲れてしまった時、「あの人が立てなかった教壇なんだよなぁ」って、ふと思います。そして今日も子どもと話せる、笑い合えるという当たり前のことに感謝します。**生きているって素晴らしいことですよ。何度だってやり直せるんですから。今日がダメでも明日はきっとうまくいきます。今年がダメでも来年は必ず楽しめます。希望を失わずに進みましょう。**私も愛知県でがんばっています。あなたも負けないで。

4 仕事の精選をしよう！目の前の仕事は3種類に分けられる

働き方改革の肝は「仕事を精選して早く帰ること」と同時に「自分なりの働き方で働くこと」

超人的仕事量を同時並行で行っていることを自覚し、「長時間労働」を回避しましょう。子どもに寄り添う時間を増やすため、仕事を3種類に分けます。それは「やらなければいけない仕事」「やらなくてもよい仕事」「やりたい仕事」です。

やらなければいけない仕事なんて2つだけ

まずは「やらなければいけない仕事」から片付ける。それは**「①学校や学年から割り振られている仕事」「②提出期限がある書類」**です。

それらはもらった瞬間にやる。どうせやるのですから。時間がかかりそうなものは、**「提出期限」「データの保管場所」をチェック。1か月先の仕事を追え！**

仕事術１　やらなければいけない仕事は効率よく終わらせよう

「やらなければいけない仕事」は**「①提案されている体裁に整え」「②期限内に出す」ようにします。**先輩の過去のデータを再利用し、ミスなく、こだわりなく、効率よく。

また、時間帯は朝がオススメ。朝は、「脳が元気」「話しかけられることが少ない」「始業時間というタイムリミットがある」という点から集中できます。**勝負は朝で決まる！**

仕事術２　望んだ仕事ではなくても、楽しんでしまえ

望んだ仕事ではなくても、プロとして、一生懸命打ち込みましょう。「やらされ根性」よりも、どうしたら楽しめるかを考えた方が得です。

望む仕事ができない今にも、必ず意味があります。私も未経験の陸上部顧問を続けたことが、役に立っています。無駄な一日などありません。苦労が人格をつくります。

私たちは公務員です。組織に守られています。組織の中で働く組織人です。**与えられた場所でベストを尽くすことは大切です。持ち場を守ることがどれだけ仲間の助けになるか。人任せにしたり、手を抜いたりした分の仕事は、必ず誰かが陰でやっています。それでも**

やりたくないのであれば、独立・転職という道もありますよ。

やらなくてもよい仕事と割り切ってしまえ！

埼玉県の教員が行った裁判の判決によると、「教室の整理整頓」「宿題の確認」「小テストの採点」「保護者対応」等は労働時間として認められず、あくまで「自主的取り組み」らしいです。

もちろんこれらが「やらなくてもよい仕事」だとは思いませんが、「やりたい仕事」に時間をかけるためにも、バッサリ精選しましょう。裁判所もお墨付きをくれたわけですし。工夫次第で「時短」できます。

最後に残るのがやりたい仕事。それはもはや趣味の領域

最後に残るのが「やりたい仕事」。自分でやると決めた以上、文句を言いません。「疲れたか？　嫌ならやめろ！」と言い聞かせます。本当にやめることもあります（笑）。

ただ、**やりたい仕事はやればやっただけの結果が返ってきます。子どもの笑顔や成長です。そしてやりたい仕事には楽しさが詰まっています。**

働き方改革の肝は、「仕事を精選して早く帰ること」と同時に「自分なりの働き方で働くこと」です。

私は、自分の意志で選んだこの仕事を楽しみ尽くしたいから、「やりたい仕事」に時間と情熱をかける努力を続けます。それが私の働き方です。

提案　外部企業の方が進出しやすい風通しのよさを

事務作業や会計や時間割の編成などは、予算をつけて、企業と協力することで大幅に改善できませんか？　時代の流れに対し、「いまだにこんな古いシステムでやっているの？」と思うことや「これ本当に教員の仕事？」と思うことが多すぎます。

窓口を設け、企業のサービスと教育現場のニーズをマッチングしてほしいです。

いろんな人がいる職員室の環境のつくり方

5

自分とはタイプの違う人こそ大切に、
思いやりと助け合いの精神を復活させよう

「前向き状態」を保つには「良好な人間関係」が大切。「俺得」だけでは本質的に満たされません。同僚と、プラスの影響を与え合う「相互依存状態」をつくりましょう。

ドラクエパーティー理論 ～長所を生かして貢献し合う～

「ドラゴンクエスト」というゲームがあります（通称ドラクエ）。ボスを倒しに行くのですが、一人一人職業が選べます。しかし、4人とも攻撃を得意とする「戦士」では、回復できないのですぐに全滅してしまいます（あちゃー）。

同じタイプばかりよりも、いろんなタイプがいた方が強くなります。教員もチームで完全体を目指せばいいのです。あなたは何で貢献できそうですか？　教員の仕事は多種多様。

だからこそ、必ず好きで得意な仕事があるはず。それを主任や管理職に公言しましょう。自分の強みと校務分掌がマッチしていないと辛いので。

大切なのは、「依存」ではなく、「相互依存」です。依存ばかりでは長続きしないですし（迷惑がられます）、自分が辛くなってきます。信頼もされません。

人は誰かの役に立てていると思って初めて「居場所」ができます。「授業」「生活指導」「行事」「掲示物」「事務処理」なんだっていいのです。これだけは自信があるというものを身に付けましょう（その力は与えられません。努力と経験で身に付けるしかない）。

そのうえで、同僚の「すごい！」と思ったところは、遠慮なく依存しましょう。

できないことを責め合わない。失敗に対しては「お互い様」の精神をもって助け合う。感謝する。一人で仕事ができますか？　失敗をしたことのない人がいますか？

「私には人に貢献できる長所がない…」という方にオススメ

「ストレングスファインダー」を知っていますか？　ぜひやってみてください。現在、立命館守山中学校で働く、加藤智博先生を研修にお呼びするといいと思います。長所は必ずあります。自覚できていないから、活用できていないのです。

YouTubeで「最強の戦略家!森岡毅」と検索すれば出てくる動画もオススメです。

貢献し、貢献してもらうために、職場でできそうなこと

①まずは同僚を尊敬すること(自分よりも若い先生であれば、なおさら尊重する)。そして相手が話しかけてもいい状況か確認してから話しかけ、**気軽に話せる関係をつくる。**

②若いうちは「何かできることはありますか?」と先輩に聴いてみる。**仕事を覚えられます。仲良くなれます。貢献できます。もちろん自分に余裕がある時に。**

③得意を見つけるために、いろいろな校務分掌の仕事をしてみる(**「足利義政」は政治家としては無能でも、文化人としては優秀でした。居場所を変えれば輝く才能もある**)。

④同僚との会話中によく笑うことが大切です(笑顔は伝染します)。

「この人どうしても合わないなぁ」という人とどう関わるか

①相手の言葉を受け止めない。自分が柔らかければ、ぶつかってこられても壊れません。

②なるべく物理的にも距離をとる。会話は「はい」か「いいえ」で、短く終わらせる。

③理不尽な要求は、先輩であっても断る。イラッとしたオーラも時には大切。

④愚痴は職場では言わず**「この人とも楽しく働ける自分になりたい」という意志はもつ。**

提案　時短で帰る「お母さん先生」や事情を抱えて働く先生に最敬礼を

職場には、人には言えない事情を抱えて働いている方がいます。私の妻も一時期、持病が悪化し、全身包帯ぐるぐる巻き状態でした。私は子育てと家事をしながら、働きました。両親と、当時の職場の先生方の協力がなければ、倒れていたでしょう。

経験しなければわからない。だからこそ、同僚の背景をおもんぱかることや、どうしても早く帰る方に「申し訳ない…」と思わせず、自己開示しやすい雰囲気が大切です。

「いつもお疲れ様です」「ご家族のためにすごいですね」という温かいひと言が、人の心をふっと軽くすることを忘れず、現場から働きやすい環境をつくりましょう（特に女性の先生が出産と育児に際して、休みやすく、復帰しやすく、働きやすい制度の実現を願います）。

6 勇気を出して、先輩の懐に飛び込もう
（杉本耕平先生より）

すごい人にくっついていけば、
ものすごいスピードで成長できる

私は力のある先輩のおかげで、「前向き状態」をキープできました。失敗した時は守り、導いてくれて、成功した時は褒めてくれる先輩の存在は貴重です。

仕事術1 すごいを見抜く基準

若い先生は、職場の中に、すごいなと思う先輩を見つけましょう。必ずいます。**「すごい！」を見抜く基準は、「子どもの姿」です。**私たちはつい、先生が何をしているか、どんな理論をもっているかにフォーカスしてしまいます。

そうではなく、その先生が関わったことで子どもがどう変わったか、どう成長したのかで判断してください。先輩の姿を足を運んで見に行きましょう。

私の尊敬するT先生は、子どもを変えます。印象に残っているのは、学年合唱の練習。気持ちが入らず、声も出さない生徒に対して、容赦なく厳しい喝を入れました。

しかしそれは突き放すような言い方ではありません。

「お前たちならもっとできる！　出し惜しみするな！　たかが合唱じゃないぞ！　お前たちのプライドを、聴いてくれる人や応援してくれる人に見せるところなんだ！」

これほどまでに真剣に、子どもの成長を考える姿に私の心は震えました。結果、本番では、誰もが感動する合唱を披露しました。

気持ちを伝えれば、生徒は真剣な行動で返してくれる、そこに魅力を感じました。憧れました。そして、そういう教師になりたいと思いました。

仕事術2　教えてほしいことは勇気を出して直接聴く

すごいなと思う先輩を見つけたら、**直接聴いてみましょう。**これをできない人が意外と多いです。私自身、若い時はすごいなと思う先生があまりにも遠い存在に思えて、声をかけにくかったです。でも絶対に聴いた方が得です。勇気を出して聴くべきです。

「〇〇について教えてください！」

「○○で困っているんですけど、どうしたらよいですか？」

「自分は○○だと思うんですけど、先輩はどう思われますか？」

と、聴いてみましょう。**適切なアドバイスをもらえ、よき理解者（協力者）にもなってくれます。時にチクリと痛いアドバイスも、「良薬口に苦し」の心で受け止めましょう。**

勇気を出して最高の環境を手に入れるか。勇気を出せずに変わらない日々にするのか、苦しみ続けるのか。二者択一です。

ちなみにですが、私は今まで先輩に頼んで断られたことはありません。**一番の悲劇は、聴きに行かないことです。「助けてください！」と言えないことです。**

仕事術3　教えられたことはすぐに実行し、報告する

教えてもらったことは、必ず実践しましょう。頭でっかちにならず、まず動くこと。すると先輩も「こいつ、なかなかやるな」と一目置いてくれるようになります。

そして実践した後には、やってみた感想を必ず報告しましょう。その際、感謝は必ず伝えます。すると、また次も聞きに行きやすくなります。

仕事術4　プライベートでの付き合いも大切にする

これが一番重要だと思っているのですが、先輩と飲みに行きましょう（笑）。肩書きを抜きにした人間同士の付き合いが大事だということです。

もちろん、愚痴や不満ばかりの飲み会はうまい理由をつけて断ればよいと思います。しかし、職場ではお互いに本音が出てきにくいのも事実です。それでは心の底からの信頼関係を築くことは難しい気がします。

飲み会の席では、学校で見られない先輩の一面や、そこでしか聴けない話が盛りだくさん。成長の宝庫です。コロナ禍と働き方改革による分断が起きていますが、飲み会が苦手な人も、一度行ってみてはどうでしょう。

先輩側の視点でいえば、若手が「来てよかったな」と思えるようにしましょう。話をするというより、先輩としての大きな器で９割は話を聴いてほしいと思います。

後輩の疲れは、積極的に騒いで笑って発散させましょう。後輩を救おう！

SNS上にも挑戦を応援し合える仲間。発信のススメ（二川佳祐先生より）

7

励まし合い、高め合える仲間は全国・全世界にいる！　まずは発信してみることから！

私はブログ、Twitterから発信を始め、そこからFacebookを中心に発信を続けています。今はInstagramも更新しています。Discordにも挑戦しています。

私が発信する理由、それは単純に楽しいからです。しかし、それだけではありません。自分の考えを受け止めてもらえる。**「自分の発信が誰かの役に立っている」ということが一番の励みになっています。価値がないと思っていた自分の考えや言葉が、発信していくと誰か人の役に立つんだということを教えてくれます。**

また、自分の考えとは違う考えにも触れられます。同じ場所にいない、同じ時間を過ごしていなくても、コメントやメッセージを通して交流ができます。全国の熱い想いをもった先生仲間が、自分の狭い認識を少しずつ広くしてくれます。

今身近に想いを共有できる仲間や先輩がいなくても、「前向き状態」を保つために励まし合い、高め合えるつながりができます。あなたは一人じゃありません。そういう時代です。

あなたも誰かにとってのヒーロー

なかには、「自分に発信できることなんてない」と言う人もいます。最初は私もそうでした。しかし、**声に出し、文章に書き、相手に伝えてみて初めて、誰かが求めていることにも、自分が好きなことにも気が付きます。**だから小さな一歩を踏み出し、まずは発信してみることから始めてほしいんです。あなたの情報に救われる人が必ずいます。必ずです。

わかりやすく、富士登山で例えてみましょう。あなたは今、5合目にいます。そんなあなたにとって、頂上に行った人の感動や情報は、高いモチベーションにつながります。

しかし、それだけでは時に、理想と現実のギャップに「私にはできないかもしれない…」と思ってしまうかも。**するとちょっと先の6合目にいる人のアドバイスの方が役に立つこともあります。また、同じ5合目にいて横を一緒に歩いてくれる人がいれば、楽しさも苦しさも共有できて、とても心強いですよね。**これから登ろうという人にとっては、

「あの岩場には気を付けて！」というあなたの経験が役に立ちます。

何合目にいる人の発信でも、誰かにとっては必ず価値があるのです。

教員１年目の人の発信は、教育実習に行く人や教員採用試験を受ける人を救います。ママさん先生が忙しい中、工夫していることや便利な家電を紹介することは、同じく奮闘するママさん先生や、これからママさん先生になる人を救います。**「私が発信したって…」と思っているあなたへ。発信しても誰にも響かない…そんな人なんて一人もいないんです。**

「GIVEの精神」と「守秘義務」

「自分のもっているものはシェアしよう！」と考え、情報、時間、ノウハウもいろいろとオープンにしています。以前、尊敬する経営者さんに教えてもらいました。「GIVE&GIVE&GIVE&GIVE&GIVE&…TAKEくらいのバランスがいいよ」と。

そこから私は見返りを求めずに、人にGIVEしています。そうすると不思議と今度は情報や人が集まるようになりました。「発信者のところに情報は集まる」。まずは与えることから始めています。他にも、公務員であるので、学校のこと、組織のこと、子どものことは話さないことなども大切です。秘密を守ることは最低限に必要なことです。

お互いの挑戦を応援し合える仲間が全国・全世界にいる！

「どうしてそんなに発信するの？」「仕事と関係なくない？」とよく聞かれます。ですが私は「全くそんなことない！」と強く言えます。

それは人とのつながりが増え、たくさんの選択肢を子どもたちに与えられるようになったからです。発信していく中で知り合った人を学校の中にゲストティーチャーとして呼んだことも数えきれないくらいあります。

また、自分のスキルが上がったこともそうです。イベントのつくり方がわかりました。Zoom や Google の使い方に慣れました。

それだけではありません。**見たことないものを見てみようと思うようになりました。新しいことに挑戦する抵抗が減りました。何よりお互いの挑戦を応援し合える仲間に出会わせていただきました。**

あなたにも、ＳＮＳを通じて、そんなつながりができることを願っています。

8

自分の経験を成長に変える方法をもっておこう

教育実践の成功も失敗も書き残し、自分だけの必勝法（パターン）を見つけよう

「前向き状態」をキープするためには「成長が積み上がる仕組み」をもっておくことです。自身が成長すれば、子どもに伝えたいことが増えます。そして子どもから本音を引き出す技の引き出しも増えていきます。

何より自分が成長していると楽しくないですか？　できることが増える、それに伴って喜んでくれる子、笑顔になる子が増える。そこにこそ教員の仕事の楽しさがあります。

仕事術1　教育ノートに思いついたことを書き溜めよう

知識と経験は宝です。私は毎年1冊「教育ノート」をつくっています。そこには

①本を読んで素晴らしいと思った個所や新聞記事の切り抜きを貼り付ける。

②校務分掌を担当する中で学んだことを書く（会計以外はだいたいやってきました）。
③行事を企画運営する中で学んだことを書く（修学旅行など）。
④先輩から学んだことや、研修で学んだことを書く。
⑤子どもと触れ合う中で感じたことを書く。
⑥心に響いた言葉を書いておく（言葉を扱う仕事なので）。

そういったものを書いてきました。

これまで3冊の本を出版しましたが、いずれもこの「教育ノート」に書いてきたことをまとめたものです。**最高のアイデアは、ふっと頭に浮かんだと思えば、次の瞬間にはこぼれ落ちていくことがほとんど。**常に手元に教育ノートを準備し、記憶より記録に頼ります。

そして何より、同じ失敗を何度も繰り返したくないんですよ、私は。失敗はするとしても、せめてそうならない努力はしておきたい。あなたも毎年1冊書いてみては？

仕事術2　うまくいった原因、うまくいかなかった原因を明確にしておこう

「教育ノート」は、自分の実践のデータを積み上げることにも使っています。

まず「やってみよう」と思った実践は、簡単でいいので「▲▲したら、■■になるだろ

う」という仮説を立てておきます。

「▲▲」に入ることがやってみたい実践です。そして、成功したのはなぜか、失敗したのはなぜか、実践が終わった後に目の前の子どもの姿に照らして原因を追究し、わかったことを書いておきます。

そうやって積み上げてきた自分の実践をまとめてみると、おもしろいことに法則性が出てきます。その繰り返しは「私なりの必勝法」を編み出しているイメージです。

すると引き出しが毎年増え、二の手、三の手、奥の手ができてきます。

仕事術3　職場以外の場所に成長のチャンスをもとう

趣味は、人生を豊かにします。仕事へのアイデアにつながることや、子どもとの雑談に生きることもあるでしょう。学校外で得られる刺激が、成長をもたらし、おまけにストレスの暴発も防ぎます。

憧れの人に実際に会うのも大きな成長とモチベーションアップにつながります。

提案　全国オンライン教育サミットの開催

全国には革新的な先行実践は数多くあります。しかしそれが横展開されているとはいえません。それを共有する場があればよいと思います。

「外国の教育がすごい！」という論調があり、確かにそうだとも思いますが、**私は日本国内にも素晴らしい実践はたくさんあると思っています。給料が一律で変わらないのなら、やる気のある方が輝く場所をつくった方がいいと思います。**

もっと中にあるものの価値にも目を向けたらおもしろいですよ。例えば、現職研修や教育講演会に、現場の先生を講師として呼ぶとか、地域を超えて教員が集まる教育サミットを開催するとか。今はオンラインでも共有の場はつくれます。素敵な取り組みが単発で終わるのはもったいない！　日本の教育ノウハウは海外にも十分発信できると思います。

授業案も、全国の教員が何度一からつくっては共有されずに終わっていくのでしょう。全員で積み重ねれば、すごいものができると思うのですが。

9 自分を成長させるための読書は、短い時間で効果的に

今の自分に必要な情報を本から吸い取って、まねして、自分のものにしよう！


自分を成長させるために絶対に欠かせないのが読書です。

本には「先人の知恵」が、1冊にぎゅっと詰まっています。成長の宝庫。

私にも、人生を導いてくれた本がいくつかあり、それをもとに「教育哲学」や「教育実践」をつくってきました。子どもに伝えたいことを思索してきました。

しかし、教員は忙しいので、「読書が苦手」「時間がない」となりますよね。そこで私のオススメの読書術を紹介します。

読書術1 今の自分に本当に必要なのか、吟味する

この後、第3章で「伝えたいこと」を明確にします。**それは頭の片隅に「私の教育に磨**

きをかけるには何が必要だろう」というアンテナが立つということです。

すると、あなたに必要な本が目に入ってきます。近寄ってきます。

「世間的によいとされるものはどんどん取り入れる」のもよいのですが、現代社会は「モノの消費」から「コトの消費」社会へと移っています。

食事（モノ）をすれば満腹になります。しかし、情報（コト）はあなたを満腹にはしません。むしろ「もっといい情報があるのではないか」「まだ情報が足りていないのではないか」という意識ばかりが大きくなります。**心の飢えが止まらないシステムです。**

だからこそまずは自身の「伝えたいこと」を明確にし、「必要なものを厳選」しましょう。本を買うか迷ったら、今の自分に本当に必要なのか、今一度考えましょう。

読書術2　「つまり何が言いたいの?」と自分に問いかける

私は本の「はじめに」と「もくじ」と「おわりに」を読んで買うか決めます。あとは、誰が書いているかです。そして**自分の伝えたいことを深めてくれたり、補ってくれたり、進化させてくれそうなところを中心に読みます。**必要であれば、本を要約したYouTube動画も見ます。かなりの時短になります。そして何度も自分に問いかけます。

「つまり何が言いたいの？」と。

かなりオススメです。目的を見失ったインプットで貴重な時間を浪費しないようにしています。時間をどのように使うかは、どのように人生を生きるか、と同じことです。

読書術3　自分流にして取り入れる

これが一番大切だと思っているのですが、本を読んでいて「これはいいな！」と思ったところに付箋を貼るとか、教育ノートに書くとか、携帯で写真を撮るなどします。

しかし、自分の伝えたいことに必要なところだけです。自分の言葉にならなさそうなものは無視。借りてきた猫みたいな言葉は使えないからです。

イメージとしては、ドラゴンボールに出てくる「セル」です。私は自分のことを「セル」だと思っています（笑）。吸収して、自分流にして、残りは捨て、パワーアップする。

日本人は、「まねて自分流にする」というのが非常に得意な民族です。いきなりあなただけの独創的な実践が生まれる確率は、相当低いでしょう。だからどんどんまねる。

「学ぶ」の語源は「まねぶ」とも言われています。そして「活用なき学問は無学に等しい」とは福沢諭吉の言葉です。がんばって自分なりの実践をつくってください。

読書術4　感じたことを書き込んで、本を汚そう！

私の場合、読んでいる最中に感じたことを直接本にメモします。どんどん直接書き込んでいるので、読み終わった後、古本屋に売れません（苦笑）。

しかしそうやって、思考を整理しています。本で読んだことはあまり頼りにしていませんが、本を読んで考えたことはとても頼りにしています。**本に自分の考えを交ぜていくことで、初めて自分のものになっていきます。**

私は教育書だけではなく、世界的名著も読みます。不変のものを大切にしたいからです。また、ビジネス書なども読みます。**子どもを社会に送り出す教員こそ、今の社会をつかんでいる必要があると思うからです。そして、今の社会で通用していることこそ、教育の場にもち込む必要があると思うからです。**

読み終わった本の表紙を眺め、何を学んだか言えなければ、私の負けだと思っています。

もちろん娯楽のための読書は、ただただ楽しんで読んでいます。

攻撃的な子どもとどう向き合うか

～怒りの感情と向き合う～

10

怒りをパワーに変えて、戦略的に動くことで状況を改善することを楽しもう

子どもとの人間関係の崩れが、最も「前向き状態」を破壊します。そうなれば、伝えるとか聴くとか以前の問題です。子どもからバカにされたり、陰口を言われたり、新しく赴任した先で「前からいた俺らの方が偉い」という謎の理論を突きつけられたり。それがどれだけ惨めで苦しいか。

状況を改善する方法も教えてもらえず、やみくもな我慢を押し付けられても、そりゃあ我慢の枠から感情があふれ出して爆発する人も出ます。全力で未然に防ぎましょう。

防衛術Ⅰ　そもそも攻撃されないようにする

～勝負は出会いから始まっている～

上から目線も、友達感覚もダメです。教師が大人であると認識させましょう（服装・言葉遣い・態度）。子どもの世界にある「秩序の序列」に入らないことです。

出会いの時、私は自分のことを話しません。謎にします。徐々に自己開示して、それまでは聴くに徹します。必殺技を第一話で出す必要はない。「秘すれば花」です。

クラスで影響力のある子を知っておきましょう。その子が学級でプラスの働きができる仕組みが大切です。間違ってもその子がマイナスの雰囲気を広げないように。

防衛術2　子どものことをよく知る

～攻撃してくる子どもが出始めた場合～

その子をよく知ることです（家庭環境・人間関係・こだわり）。攻撃的な言動の裏には何か不満があるはず。「盗人にも三分の理」です。まず聴くこと。背景を想像し、その原因に寄り添う。特に、教師が子どもを「否定」してはいないかどうか。

攻撃的な子にはエネルギー発散のため、活躍の場（役割）を用意しましょう。

また、攻撃的な子の周りにいる友達との会話を増やしましょう。あなたが敵ではないことを、まず友達に知ってもらうと、それが時に間接的に伝わります。

防衛術3 攻撃されるのは嫌だと言う

～攻撃が止まらずエスカレートしてきた場合～

それが直接攻撃（暴力・暴言など）であれば、「嫌だ！」とはっきりと言いましょう。無礼者に対してまで「いい人」でいる必要はありません。

人間の中には**「自分よりも弱いと思う者は脅すくせに、自分よりも強いと思う者には媚びへつらう心」**があります。はっきり言うことで、攻撃的な心の暴走が止まることもあります。何より、自分の身を守るために。怒りも大切な感情です。火と同じで使い方次第。

直接攻撃ではなく、陰湿攻撃（無視・陰口など）であれば、怒鳴るのはダメです。子どもに「ひどい先生だから、攻撃している自分は悪くない」という正当性を与えかねません。

では、どうするか。それは、攻撃的な子にも周りの子にも、優しさと誠実を徹底的に貫くことです。その間、第2章の「聴く力」の実践を続けましょう。

また、場合によっては攻撃的な子とは、あえて一定期間距離をとるようにし、それ以外の子とめちゃくちゃ楽しく過ごします。この後、読み進めると出てくる「天の岩戸理論」「かさぶた理論」も絶対役に立ちますよ。

攻撃的な子に出会うたび、こんな話を思い出します。

釈迦の弟子に舎利弗（しゃりほつ）という人がいました。知恵第一と言われるほど頭のよい人です。舎利弗が人に尽くす修行をしていると、ある男が「立派な方、あなたの眼をくれ！」と求めます。舎利弗が眼を差し出したところ、男は感謝の言葉もないどころか、「臭い！」と言って捨て、眼を踏みにじったのです。

舎利弗は「こんな人を救うことはできない！」と、人に尽くす修行をやめます。そして人を信じる心を失い、長く苦しみます。私たちも、「攻撃的な子に教員としての姿勢を試されているのではないか？」と思う時があります。信じ抜くって、大切で大変。

提案　Ｉ学級における児童・生徒数の上限を下げること

多様な子どもがいて、多様な対応が求められる現在、一人の教員が40人をきめ細かく見ることは無理です。これが教員の多忙化を招き、不祥事につながっています。

40人をまとめて学級崩壊させないようにしようとすれば、必要以上に厳しい指導にならざるを得ない時もあります。**なぜなら学校には「荒れに対する恐怖」があるからです。**

「学級崩壊させてはいけない」と思う教員のストレスは「逃げる」か「闘う」かという

行動になりがちです。**つまりは攻撃的な子どもを生む「厳しすぎる指導」も「マイナスを生む一斉指導」も、ヒューマンエラーではなく、システムエラーです。1学級の上限は30人くらいで。**規律を重んじる人を、どうか時代遅れの産物のように扱わないでほしいです。

第 2 章

「聴く力」を発揮する
11の秘訣

1 なぜ今「聴く力」が必要なのか

〜意見を表明する権利〜

子どもの声を聴くことで、子どもとの
抜群の人間関係ができる2つのポイント

いよいよ本題である「聴く力」について書いていきます。なぜ「聴く力」がそこまで重要なのか。**結論からいえば、圧倒的に子どもとの人間関係を良好にするからです。**

それはなぜか？

私は毎年子どもに「信頼できる教員とはどんな人？」と聴いています。第1位は何だと思いますか？

それは「話を聴いてくれる先生」です。毎年断トツ。圧倒的に第1位です。

子どもたちは、先生と話したいんです。あなたからの「話そうよ」を求めているんです。

子どもは「悩み」「本音」「学校への要望」など、聴いてほしいことだらけです。目の前の子どもの声を聴き、人間関係をつくることの必要性について説明します。

理由Ⅰ　「君の意見を、私は大切にするよ」という意志表示になる

突然ですが、「子どもの権利条約」というものを読んだことがありますか？

その中には、「意見を表明する権利」が明記されています。そもそも子どもには「声をあげる権利」があるのです。その一番身近にいるのが、親か教員。

しかしこの条約、ある団体の調査によると「内容までよく知っている」と答えた大人は約２％だそうです。約２％ですよ？

それだからか「子どもの意見を聴いたら、調子に乗る。わがままになる」という風潮を至るところで感じます。

「宿題」「校則」「コロナ対応のマスク」「行事のあり方」。一番肝心の子どもが、これら決定の議論に入っていない。子どものいないところで決まっていく。

そんな大人の姿勢を感じ取った子どもは「全然話を聴いてくれない…」と不満を語り、「言っても仕方ない…」と本音を隠し、溝は深まるばかりです。

しかし、立ち止まって考えたい。子どもの声を聴くことで、子どもは調子に乗るのでしょうか？　絶対にそんなことないと思います。むしろ逆です。

意見を聴いてもらえる喜びを知った子どもは「僕の意見が尊重された」という満足感をもちます。そして自分がされて嬉しかったことだからこそ、人の意見も大切にします。また、教員に対しては「この先生、私たちの声も聴いてくれるんだ」「受け止めてくれるんだ」という安心感が生まれます。

結局、信頼関係といっても「どれだけ愛情をもって、何度も、長期的に関わったか」でしかないと思います。ぜひみんなで耳を傾けましょう。

むしろこれ以上子どもの声を無視し続ければ、学校が子どもから見限られると思います。

理由2　子どもの声こそが答えになる時があるから

飲食店のテーブルに置いてあるアンケート用紙は「徹底的に声を聴いて参考にする」という意志の表れです。このアンケートと真摯に向き合い、業績を上げた会社もあります。これを教育現場に置き換えるとどうでしょう？　今の学校教育に何が必要なのか。どこへ向かうべきか。子どもの声にはその答えがあります。

現場にいると、よく子どもの意見に驚かされることがあります。体育大会の種目を考えさせた時も、修学旅行の内容を考えさせた時も、子どもはちゃんと答えをもっていました。

大人の発想にはない意見に「すごいな！」「勉強になる！」の連発でした。

…では、私たちは現場において、本当に子どもの声を聴いているでしょうか？

いや、聴こうとしているでしょうか？　何か具体的に手を打てているでしょうか？


無策だと思った方は、ぜひ今日から「聴く」を一緒に始めましょう。

「ジェンダーの悩み」「ヤングケアラー」「孤食」「いじめ」「学業不振」「家庭内暴力」など、社会の歪みによる被害を抱えている子どももいます。小さな叫びに耳を傾けて。

そういえば以前「学校ってどんな場所？」と聴いた時、「心が落ち着く避難場所」と答えた子がいました。学校が癒やしの場になっている子もいるんですよ。

提案　子どもとゆったり話す時間をください

２０２３年に出された「次期教育振興基本計画」を読まれましたか？　教育政策の目標が示されましたが、上を目指してあれもこれもと詰め込むより、子どもに寄り添い、声を聴く余裕がほしいです。私たちの仕事は、社会の担い手を育てることですか？

2 子どもが提出する日記から、「ａｉノート」をつくろう

子どもをより深く知り、無限の雑談を生み出す「ａｉノート」とは？

私は毎日子どもと日記のやりとりをしています。これに、「聴く力」をプラスし、日記から「ａｉノート」をつくります。「子どもの成長を見る（eye）」「子どもを愛（ai）する」という2つの意味が込められています。とにかく子どもから聴いたことを書き込みまくります。

手順1　日記を読む時に、クラスの名簿用紙を机上に用意する

情報を書き込むのはタブレットでもよいのですが、私は紙を使っています。日記を読む時、机のすみっこに名簿用紙を置きます（この紙をａｉノートにファイリングします）。

手順２　日記を読みながら、書いてきたことを「単語で」名簿用紙に書き込む

名簿用紙に書き込むことは、一見重要に思われないことです。

例えば「昨日家族で焼肉を食べに行きました。嬉しかったです」と書いてあれば「焼肉」とだけ書きます。

手順３　それをファイルに綴じ、まずは１か月続ける

重要に思われないことでも、書き溜めていくと、一人一人の子どものことがわかってきます。「好きなもの」や「考え方の傾向」や「人間関係」です。**大したことないと思ってスルーしてしまいがちな情報の中にこそ、実はその子を知るための宝が隠れているのです。**

手順４　日記の返し方にもひと工夫

以前私は、日記を子どもに返す時、クラスの配付係にすべて配ってもらっていました。

しかし今は、全員ではありませんが、**なるべく手渡しで返すようにしています。**

そして渡す際、日記に書いてあったことについて、最低ひと言でもいいので話します。

「先生も焼肉めっちゃ好き。どこの部位が好き？　タレ派？　塩派？」という感じです。最近会話が減ってきたと思う子や、自己主張が苦手な子とはなるべくその数を増やします。一人につき1分もあればできます。**それを習慣化して、コツコツと続けるのです。「こちらから足を運んで声をかけた」ということに意義があります。**

手順5　「ヘルプを出そう！」と伝えておく

子どもには「先生に相談したいことがあったら、いつでも日記に『話したいです』と書いてきてね」と伝えておきましょう。いつでも子どもからのヘルプサインを受け取れるようにしておきましょう。そのひと言がどれだけの安心感につながるか。

効果1　心の鎧を脱がせる雑談のストックができる

子どもは一対一で話す時、「心の鎧」をまとっていることがあり、これを脱がさなければ、会話が「表面上」で終わってしまいます。

会話や面談は雑談から始めるとスムーズに相手の懐に入れます。**その時に、aiノートをつくっておけば、「雑談として話すネタがない…」ということがなくなります。**話題のストックが常にあるのです。

子どもは自分のことを話題にしてもらうのが大好きです。子どもは本来自分のことを知ってほしいものです。子どもは自分に関心をもっている人を絶対に無下に扱いません。子どもの「好き」を本気で好きになる。アニメを見る。漫画を読む。音楽を聴く。

効果２　話しかけるきっかけに

ａｉノートは、子ども一人一人の特徴をつかむことに役立ちます。子どもはカテゴライズできません。似ているように見えても、一人一人全く違うのです。

私は毎日話しかけています。毎日毎日繰り返し話しかけています。そしてまたａｉノートへの書き込みも増えます。

大きなポイントは話しかける際に「いちいち名前を呼ぶこと」です。

名前は、親が子どもに贈る人生最初のプレゼントです。どれほどの願いと愛情が込められているか。その名前を呼ぶことは、それだけで最高の存在の承認です。

現場の教師、目の前の子どもの名前を呼んで呼んで呼びまくりましょう！

それだけでも私たちが現場にいる意味がある！

3 年度はじめは、必ず一対一の面談をやろう

~シンプルにして最強の方法~

子どもは何百人いる生徒の中の一人ではなく一人の人間として関わってほしい

「本音で話せる先生ってどんな先生?」と、子どもに聴いたことがあります。

①**「本当に少しでいいから、2人の時間をつくってくれて話を聴いてくれる人」**

②**「何百人いる生徒の中の一人ではなく、一人の人間として関わってくれる人」**

③**「業務的な用事ではないことでも、親身に2人で話してくれる人」**

そうです。子どもは「みんなに人気のある先生」ではなく「私の話を聴いてくれる先生」を求めています。

そして本音で語り合うためには、極論2人の時間をいかにつくるか、にかかっています。

目の前の子どもを「集団という塊」で見てはいけません。分解して「一人一人」です。

学校に来る目的だって違う人たちの集合体。だからこそ想いを聴かなきゃ始まらない。

そこで私は、年度はじめに一対一の面談を行います。**一対一の面談こそシンプルにして最強の子どもの声を聴く方法です。**やることは３つです。

やること１　「不安に思っていること、ある？」と聴く

４月、子どもは環境の変化に予想以上の不安を感じています。面談では「不安なことある？」と聴くこともありますが、絵を描かせることもあります。

①テーマは「雨と私」。雨と自分さえ描いてあれば、あとは何を描いてもＯＫ。

②雨はストレスを意味しています。小雨であれば、ストレスは少ない。大雨でも、傘や建物などで濡れないようになっていれば、ストレスを発散できているということ。

③２人で絵を見ながら「傘もささずに土砂降りだけど、お前大丈夫か？」なんて笑いながら会話をすれば、おもしろがって不安や本音も話してくれます。

これは、絵自体を分析するのではなく、絵を通して、子どもと対話しながら、内面を言語化してもらうことが目的です。

他にも「学校は○○のようだ。その理由は××だから」という文章の空欄に言葉を入れさせて対話をすることもあります。

やること2　「がんばりたいこと、ある？」と聴く

環境が変わる年度はじめに、変わろうと思っている子も多いです。そこで

①「今年一年でがんばりたいことは？」「どんなところを成長させたい？」と聴きます。

②「どんなクラスにしたい？」などのことを聴きます。

毎年クラスのメンバーが違えば、その子たち一人一人がもっている願いも違うはずです。主役である子どもの声を生かしてサポートしたいと思っています。

やること3　「誰と仲がいいの？」「仲良くなれそうな子、いる？」と聴く

2020年、新型コロナウイルスの影響で学校は休校になりました。休校明け、「休んでいる間、何が一番辛かった？」と聴くと、断トツで多かった答えは**「友達と楽しくお話ししたり、遊んだりできなかったこと」**でした。**友達との人間関係こそ、子どもの最大の関心事です。**だからこそ年度はじめにやっておきたいことがあります。

①「仲のいい子はいるかな？」「仲良くなれそうな子はいるかな？」と聴いておきます。

②後で簡単な相関図をつくります。そして、後のグループづくりなどに活用します。

教員には悩みを話せなくても、友達になら話せるという子もいます。教師の力を過信せず、子ども同士をつなげることも大切にしたいです。

面談では、目の前の子どもから瞬時に一次情報を獲得できます。まさに子どもの「今」の実態をつかめるのです。**全国調査の数値も大切なのですが、私にとっては全国の顔の見えない子どもの調査結果よりも、目の前の子どもの声がやはり大切です。**

全国の教員が丁寧に面談を行い、子どもの声を聴けば、今よりももっと多くの子どもの笑顔が輝き、教員も楽しめるはずです。学校の存在意義も明確になるはずです。

面談で得た情報も、もちろん「ａｉノート」に蓄積します。管理職の皆様、全校体制での面談時間の設定をお願いします。

4 より価値のある面談にするための秘訣

~オーダーメイドの支援を~

最初の決定から、最後の決定までの並走が、
この仕事の醍醐味。一緒に習慣をつくろう!

私は一年に3回以上は子どもたち全員と面談を行います。雑談で楽しく終わればよいのですが、時に悩みを打ち明けられることもあります。そこで意識することを紹介します。

注意点1　すぐにアドバイスしない。耐えよう

例えば「友達関係がうまくいかなくて…」と相談されたらどうしますか? 私も以前は「自分から話しかけなよ!」とか、持論を伝えることもありましたが、決まってその時の生徒の顔は「ポカーン」でした(笑)。

見事にアドバイスはいらなかったですね。むしろ下手なアドバイスで「ほしかった言葉じゃない!」と、あからさまにテンションダウンされる時もありました(笑)。

求めてもいない一方的なアドバイスは、どこか上から目線で、説教くさく、「あなたの意見を言いたいだけで、私の意見を理解しようとしていないですよね?」と感じさせることがあるのです。若干NGです。ではどうしたらよいのでしょうか。

注意点2　まずは全部吐き出させる　〜抜苦与楽（ばっくよらく）〜

そこで意識するのが「抜苦与楽（ばっくよらく）」です。これは読んで字のごとく「苦しみを抜いて、楽を与える」という意味です。「楽」を与えられるのは「苦」を抜いてから。順番が逆になってはいませんか?

心に「苦」が詰まっていたら、「楽」が入る隙がありません。誰もが経験あるように「苦」は話を聴いてもらうだけで抜けていきます。だから悩みを相談された時は、まずは徹底的に吐き出させてください。特に怒りは徹底的に吐き出させる。

さっきの例でいえば、友達関係がうまくいかない苦しみをとにかく聴くのです。**子どもの発言をそのまま繰り返すか「それで?」と言い続ける（本当に聴きたいと思って）。**

とにかく苦しみを理解しようとするだけでいいと思います。そしてその苦しみに寄り添う。「苦しかったね」「辛かったね」と。私はこの姿勢を「同苦する」と呼んでいます。

注意点3 「なんでそう思うの？」と興味をもって聴く

もちろん最後は、子どもの考えと行動を尊重します。「で、君はどうしたいの？」と（子どもは答えをもっていて、背中を押してほしいだけ、という時が多いです）。

しかし、そこに至るプロセスを大切にしましょう。あなたの考えを語り、新しい感覚をもった子どもから学び、対話で高め合う。そこに一切の上下関係はありません。**同じ人間同士、悩みの解決に向けて、対等な立場で語り合う。**

最初の決定から最後の決定までの並走が、この仕事の醍醐味です。

「先生と生徒という立場をとっぱらって話そうぜ！」と、私はよく言います。本音です。

注意点4 「習慣を一緒につくろう！」と伝え、一緒に考える

子どもの悩みを聴く中で、「変わりたい！」という意志が見えれば、習慣化のチャンス。

アリストテレスは、よい性格はよい習慣から形成されるものだと言いました。「性格の（エーティケー）」という言葉も「習慣（エトス）」という言葉からつくられたと言います。

あなたの習慣を押し付けるのではなく、習慣をいくつも一緒に考えます。「これもある

ね」「これもいいね」「たくさん出たね。で、どうする?」と。

悩みを解決させるための習慣を決めたら、実際にやってもらいます。**何でもかんでも先回りして止めるより、思った通りにやらせます。**

それでうまくいけば、当然「すごいな!」ですし、失敗しても「次の作戦考えようぜ!」「この経験こそが成長だぞ。次も隣で応援するぞ!」と言ってあげたいですね。

誰もが自分の人生を生きています。子どもの習慣が続かなくても怒らず、大きく変わっても手柄をとらず、子どもの幸せを願って、思いやりは「そっと置いてくる」くらいで。

昔、私の親がよく言っていた言葉が好きで、胸に刻んでいます。

「やってやったと思うなら、最初からやるな」

「俺の考えと違っても、お前がいいと思うなら俺は賛成だ」

励ますとか、信じるとかって、そういうことなのかなと思っています。

5 子どもの表情の変化は絶対に見逃せない聴くチャンス

表情で伝えようとしているのは、教員へのSOSのサイン。しっかり観察！

「本音で話せる先生ってどんな先生？」という質問に対する子どもの声です。

①**「辛いなって思っている時に、さりげなく声をかけてくれる先生」**
②**「苦しい時に気付いてくれて話を聴いてくれると、次から本音を言いやすい」**
③**「生徒のことをよく見てくれていて、ちょっとした変化に気付いてくれる先生」**

子どもは悩みが表情や態度に出がちです。時に子どもの様子に、「違和感」を感じることとありますよね？　この「違和感」は絶対に放置せず、即行動に移しましょう。

子どもは、気付いてほしいんです。その日に動く。**「教師の直感」を信じましょう。**

観察ポイント1 **「表情はどうかな？」「何か機嫌悪いな」を察する**

休み時間など子どもが無防備な時を狙って、教室中を見渡します。ポイントはこちら。


「か」は顔色。目が吊り上がっている子、うつむきがちな子はチェック。

「き」は機嫌。あからさまに不機嫌な子、落ち込んでいる子はチェック。

「く」は苦情。友達の文句を言っている子はチェック。

「け」はけんか。昨日までと一緒にいる友達が違う子もチェック。

「こ」は声。特にその日交わす第一声。怒り、悲しみが出ていないかチェック。

観察ポイント2 **「何かあった？」と聴く　～あてずっぽうで～**

違和感を察知したら次に教員が行うべきは、その子を笑顔で呼び出して「どうした？何かあった？」と聴いてみることです。予想は外れてもいいのです。私なんて外れまくっていて、

「え？　本当に何もないんですけど？」と言われ、

「…だと思ったよ」とごまかすことは何度もありました（笑）。

当たればラッキーですが、外れていてもマイナスにはなりません。

以前卒業生に「熊谷先生は、よく『何かあった?』って聴いてくれました。見てくれているんだなっていう安心感につながりましたよ」と言われました(なぐさめられています)。

そして、ほとんどの子どもは悩みの中。時に「実は…」と、こちらが予想もしなかった悩みを話してくれることもあります。「そっち!?」みたいな(笑)。

その時、話したくない様子なら「いつでも聴くからね」で会話を終わらせておきましょう。それは「あなたのことが見えていますよ」というサインなのです。

観察ポイント3 うまく言葉にできない子は特に見る

以前、学校では全く話せない子を担任したことがあります。その子には、通級指導教室の先生と協力して、「意思表示カード」をつくったことがあります。

「はい」「いいえ」「少し考えさせてください」「質問があります」「トイレに行きたいです」などの言葉が書いてあり、指をさしながら交流するのですが、よく見ていると、「カードを使いたい」「がんばりたい」という顔が不思議とわかるようになります。

そんな子どもの表情や、次に向かって走り出す姿を見ると、こちらも嬉しい気持ちになり、改めて「与えているようでもらっている」ことに気付かされます。

提案　外部機関との連携を

文部科学省の調査によると、２０２１年度の不登校の小中学生は過去最多の約24万人となったそうです。見て見ぬふりはできない。本気でこの問題に手を入れなければ手遅れになります。教員も手を打っていますが、「会いに行っても会えない」のが現状です。

であるならば、学校に行けない（行かない）子どもに大切なのは、選択肢があることです。塾・習い事・フリースクール・病院・学校。役割が違うので、それぞれの長所を生かして、「オール大人」で、手を取り合っていけるとよいと思います。

そして何より、この問題の本質は、子どもが学びから逃避を始めていることです。何のために人は学ぶのか。それを考える機会をもっと用意するべきです。そして、人間関係に苦しむ子どもからのサインを受け取り、学校や社会や家庭が変わっていくことだと思います。

6 休み時間は「笑い」「回し」「受け入れ」で本音を引き出そう

まずは「ヒマ感」を演出して子どもを引きつけ、笑いの力と受け入れ態勢で声を聴こう

休み時間、隙さえあれば、理由はなくても教室に向かいます（中学校勤務なので）。子どももリラックスしている休み時間こそ「聴く力」で人間関係をつくる大チャンス！

聴くポイント1 近寄るモードか、待つモードかを選択する

まずは教室に入る前に、「自ら声をかけ関わるモード」でいくか「近寄ってきてくれるのを待つモード」でいくかの選択をします。

どちらにもそれぞれメリットがあります。**近寄るモードなら、普段会話の少ない子とか、最近気になる子などを狙い打ち。待つモードなら、話しかけやすいように隙をつくっておきましょう。活発な子、先生と話したい子が来ます。**あえてぼーっとしてみるとか、わざ

とだらけるとか、寝たふりをするとか（本当に寝かけたことがあります）。

聴くポイント2　雑談なら、基本は笑顔。最後は必ず笑いで終わらせる

雑談中に意識することは「名キャッチャー」になることです。

①笑顔は心の門を開いた状態。口がちゃんと「にこっ」と、なっていますか？
②子どもの話に本気で興味をもつこと。「それで？」と、どんどん聴く。
③子どもからのトークは、とにかく笑顔で受け止めます。絶対に否定はしません。
④一番大事なのは、雑談を心から楽しむ。**楽しませるというより、自分が楽しむ。**

私の場合は自分の話をあまりしません。子どもの話を膨らませるか、つっこみを入れるかに徹します。そして、必ず笑顔で終わらせます。**笑わせるのではなく、自分が笑う。**

「自分の言ったことで先生が笑ってくれた！」これは本当に嬉しいことです。

子どもも結果笑ってくれると思うから安心して話せるのです。

聴くポイント3　笑いの力を伸ばす

この力を伸ばすための秘訣があります。それは、**お笑い番組や漫才を見る時にはつっこみ役のワードチョイスや間に注目することです。**お笑い芸人さんほど、笑いを追求している人はいないなら、そこから学ぶのが一番効率的。やはり「餅は餅屋」に。

あとは司会者の会話の回し方もよく見ます（完全に職業病）。名司会者ほど、会話の最後によく笑います。一時期は「落語」や「すべらない話」を聴きながら通勤していました。

あまりやらないことは「子どもをいじって笑いをとること」です。子どもを落として自分の得はとれないでしょう。

聴くポイント4　天の岩戸理論で呼び寄せて、話題のスルーパスを出す

「笑いあふれ、楽しいところに人は集まる」。これは本質です。いかに高尚な理論も、子**どもにとっては関係ありません。彼らは「楽しさこそが正義」の世界で生きています。**

笑顔で雑談していると、時にコミュニケーションが苦手な子が「おもしろそう」という雰囲気につられて近寄ってくることがあります。これが大チャンス！

私はこれを、天照大神が楽しそうな宴会につられて洞窟から出てきたことにちなんで「天の岩戸理論」と呼んでいます。楽しそうにしているのが一番。

そうなれば教員は、その子に話題を振って、巻き込んでいきます。急に話を振られたコミュニケーションの苦手な子が、とんでもない角度からのボケを放ってくることがあります（笑）。すると一同大爆笑。友情の輪が広がります。

ちなみに雑談を生み出しそうな**変なものを置いておくのもオススメです。**私の机には銅鐸や土偶やアフリカのお面などが置いてあります。すべて特に意味はありません（笑）。

聴くポイント5　朝の教室は雑談には最高の空間と活用する

勤務時間前になるのですが、朝の教室にいることは本当にオススメです。学校は時間割をもとに時間が進み、雑談する時間がとれないというのが実情ですよね。

朝、教室にいてください。たたずんでいるだけで結構です。例えば授業準備などの仕事をやっていてもよいと思います。

朝、無防備な子どもが、一人一人やってきます。落ち着いて、ゆっくりじっくり、話すことができますよ。子どもと心の距離があると感じている時ほどオススメです。

7 「ありがとう」は、最高の聴く力

（古内しんご先生より）

「ありがとう」をたくさん言って、心を向け安心感を子どもに届けよう！

あなたが「聴いてくれている」と安心するのは、どんな時ですか？　私は「自分に心を向けてくれていると感じる時」です。

あなたが話したくなる相手を思い浮かべてください。きっとその人は、相槌をしたり、温かい眼差しを送ったりして、あなたに「聴いているよ」「見ているよ」「安心してね」というメッセージを届けています。**つまり、聴き上手な人とは、「心を向けていることを届けるのが上手な人」なんです。**

学校生活とは、宝探しだ！　～当たり前を手放す～

心を向けていることが相手に伝わるようにするためには、２つのステップがあります。

第１ステップは、「宝探し」です。目・耳・感覚、あらゆるものを駆使して、まずゆっくりと教室を「みて」ください。各時間に、例えばこんな子はいませんか？

①朝　　　…　挨拶しながら教室に入る子、すぐ朝の支度をする子、朝から笑顔の子。
②授業中　…　考えている表情の子、話し合いに没頭する子、メモをたくさんする子。
③休み時間…　友達を誘って遊ぶ子、好きなことに熱中する子、係の仕事を全うする子。
④給食　　…　苦手なものに挑戦する子、きれいに食べきる子、片付けで食器を整える子。
⑤掃除　　…　床を見ながら掃く子、汚れのあるところを重点的に拭く子、物を拾う子。
⑥帰り　　…　廊下の忘れられそうな白衣を配ってくれる子、椅子をしまって帰る子。

いかがですか？　ここには書ききれないほどたくさんあると思います。それに気付ける先生は、アンテナが機能している宝探し上手な先生です。第１ステップクリアですね！

一方、「このくらいの子はいるよ。当たり前」と思った人もいるかもしれません。もったいない！　宝が目の前にあっても、その価値に気付けなければ、宝を輝かせることはできません。

つまり、「当たり前」という考えを手放す意識が、第1ステップのポイントです。

「伝える」よりも「届ける」

第2ステップは、「届ける」です。届け方はいろいろ。

その場で子ども本人に直接伝える。「素敵だなぁ」と空間に向かって囁く。学級全体の前で称賛する。廊下に呼んで一対一で伝える。アイコンタクトで伝える。あえてその場では伝えずに帰りの会で紹介する。放課後に電話で親を介して伝える。様々な方法の中からよりよいものを選ぶ必要があります。

この時に大切なのは、「伝える」よりも「届ける」です。伝える意識だと、「褒めたのに全然効果がない」と、どうしても見返りを求めがちです。

届ける意識をもっていると、自分本位ではなく、相手への想像力を働かせることになるので、ベターな表現方法ができるようになっていき、子どもが心を向けてくれます。

「ありがとう」〜魔法の言葉〜

「宝探し」「届ける」という2つのステップを紹介しました。この2つを同時に満たしていく魔法の言葉があります。**それが「ありがとう」です。**

「当たり前」の対義語は、「有難い（ありがたい）」です。毎日の中にある当たり前に対して、明日からひたすら「ありがとう」と言ってみてください。

掃除の時間に、掃除をしている子に「ありがとう。おかげで午後も気持ちよく過ごせるね」と言ってみてください。言葉には、意識を変える力があります。２か月後には、宝探し名人になっているはずです。

魔法の言葉「ありがとう」をたくさん言って、心を向けている安心感を子どもに届けてみませんか？　すると不思議なほどたくさんの声が入ってくるようになりますよ。

8 宿題を「自主学習」に変え、子どもの声を聴く（五十嵐太一先生より）

やりたいことを、やりたい分だけ、やりたい日に。
子どもの「好奇心」が見えてくる

最近の小学生って、放課後も忙しいのです。私たちが夕方にドラゴンボールZを見てかめはめ波を撃とうとしていた時間、今の子たちは、塾や習い事に行っています。

そのうえ、曜日なんてお構いなしに、ほぼ毎日宿題があります。もちろん、宿題が好きな子もいるかもしれませんが、好きじゃない子も確実にいます。

そして大変なことに、その宿題の多くは、子どもの学力や興味にかかわらず、一律の「漢字ノート」や「算数ワーク」というもの。

次の日の朝には完了して、先生に提出する短い期限付き。どんなに疲れていても、習い事で遅くなっても、学校は宿題をみんな同じように集めることが多いですよね……。

それって、やっぱりしんどくないですか？ **宿題ができなかったからって怖がる朝を迎**

える子にとっても、やらなかった子を不満げに思い叱る教員にとっても。

私は、それが苦しいなって思ったので、宿題に代わる「自主学習」（「自学」）の取り組みを開発しました。

子どもの声、好きなことが耳に入ってくる「自学ノート」の取り組み

「自学」の取り組みで、子どもの声を聴けるとしたら、素晴らしいと思いませんか？

どうやって聴くのか。自学に向き合う子どもと「自学ノート」をよく見る！　それだけです。まずは私たちが、「同じ量で同じ内容の宿題をやらせる」という考えを手放し、子どもたちが選べるコマンドを増やしてみましょう。

すると、聴こえてこなかった子どもたちの本音や本当になりたい姿ややりたいことがノートから感じられてきます。

学習という枠を広げてみよう

これまでの宿題で出されているものは、もちろん大切な学習内容です。

それ以外の選択肢を挙げてみたいと思います。

①漢字や計算などの反復練習
②理科や社会の単元のまとめノート
③図工の工作や絵画・版画の下絵描き
④つくった料理や掃除・家事手伝いの記録
⑤係活動や委員会活動のメモ
⑥日記・日々の生活の振り返り

これらの活動に、価値を見出し、言葉にしてプレゼントしましょう。

「自学ノート」の取り組み方を選べるようにしてみよう

次に、「内容」から「分量」まで自分で選べるようにしてみましょう。**毎日ではなくても、金・土・日の3日間の取り組みを、決めることから始めてもよいと思います。**

ちなみに、子どもたちが決める際、私はよく、次のような視点で声かけをしています。

①どんなことをしたいか。何が自分には必要か。それは、なぜか。(What・Why)
②量は、どれくらい？　そのための時間は、どれくらい？(How much/many/long)
③いつできそうか。(When)

もし不安な子がいても、先生が「大丈夫だよ」とその子の決定を認め続けていくことで、選んだことに対する周りからの評価を気にするような心配はなくなっていきます。

やるかやらないかを決めよう

先生にとって、一番難しいのは、「やらない」権利を認めることではないでしょうか。**私は、「休む」ことは、自分をメンテナンスできることだと伝えています。**最近では、親の願いもあり、以前よりも放課後の予定がいっぱいの子がいます。ですから、子どもたちが大人によってしんどくならないように、少しずついろいろなコマンドを選ぶことを伝えたいものです。

そもそも、放課後は子どもたち自身の人生の時間です。学校での取り組み以外でもたくさんがんばっているという前提で、見守りましょう。

私が思う「自主学習」の神髄とは

私が思う、子どもの声を聴くための自主学習の神髄は２つあります。

１つめは、子どもの学びを日々見守っていくこと。どんなに少ない量でも、やってきたことに意味があります。いや、やらなかったことにも意味があるんです。

２つめは、できたことを喜ぶこと。「字がきれいだね」でもいいし「マスに字が入っているね」でもいいです。内容がユニークなら楽しめるし、色鉛筆を使っていたらカラフルで、それもまた嬉しいですよね。そういう視点でも、その子のがんばりを楽しむことができます。

「自学ノート」の内容や量から、なぜそのテーマを選んだのか理由を尋ねたり、なぜやってこなかったのかに関心を向けたりすることも、子どもの声を聴くことになります。

こうして、自主学習は、私たちと子どもたちとの、日々の大切なコミュニケーションになっていくのです。

「自学ノート」に取り組んだ卒業生からの手紙

「私は絵を描くのが好きだけど、学校生活で役立てる場面が思うほどなく、意味のない好きだなーって思っていました。でも、五十嵐先生は私の絵の好きに意味をくれたと思います」

自主学習は、その子たちの「やりたい」「がんばりたい」「これができる」という心の声を聴くことにつながります。子どもの好きを大切に。子どもの声が聴こえてきます。

自主学習の例

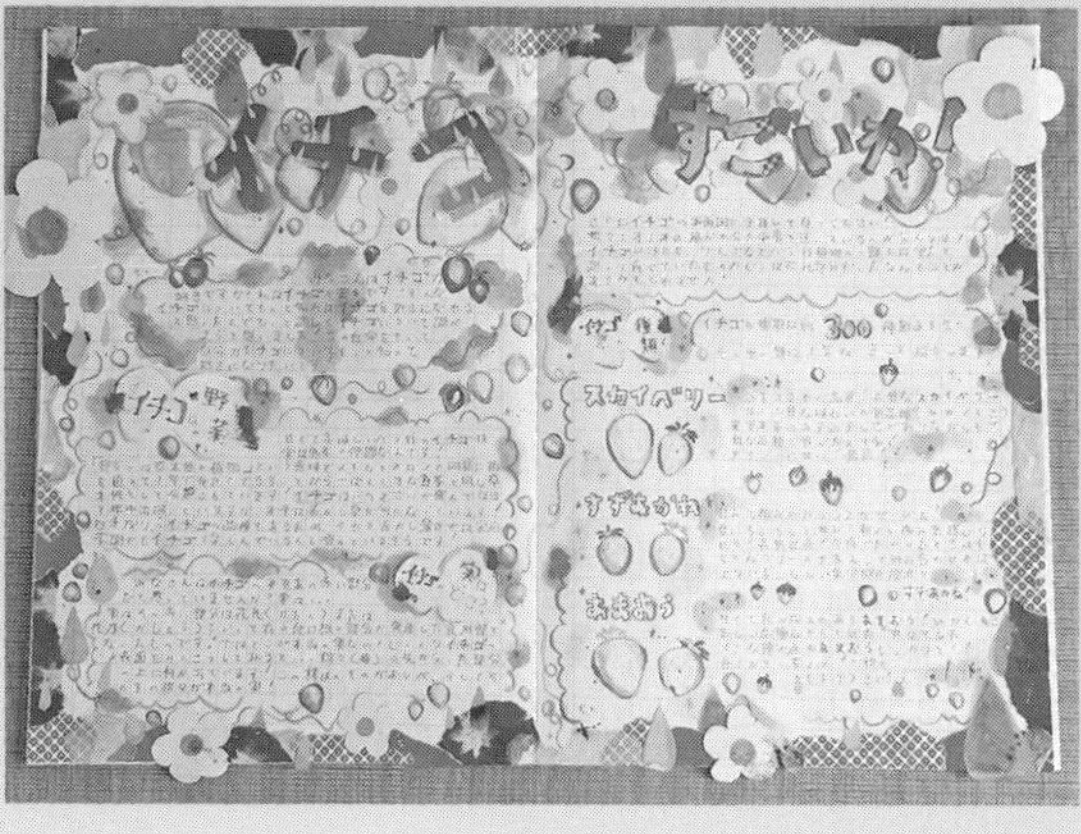

授業の改善点にも子どもの声を生かそう

学ぶのは子ども。子どもが授業に何を求めているかに、改善のヒントが！

9

授業の改善点も子どもに聴きます。**学ぶのは子どもです。であれば、どのような授業がいいのか子どもに聴くべきだと思います。**

例えばあなたがラーメン屋を経営していたとして、多くのお客さんが「まずい！　もっと味を濃くしてくれ！」と言っているのに、「いや、これがうちのこだわりのラーメンなんで！　こだわりなんで！」なんて言っていたら普通に倒産しますよ（笑）。

私たちの仕事に置き換えると、自分の想いを大切にした授業は素晴らしいと思うんです。でもそれで、子どもが全くついてこなかったら、どうしますか？

「俺の教育が理解できないなら受けるな！　俺は俺のやりたいことをやる！」これではやはり違和感がありますよね。うまくミックスする。要はバランスです。

やっぱり教師は「授業で勝負」です。その授業において、**目の前の子どもが何を欲しているか、そこにコミットしていくことも、これからの授業のつくり方ではないでしょうか。**

手順１ 視点を明確にするために、項目に分けて聴く

①授業の進め方はわかりやすいか。板書の量は適量か。見やすいか。
②問題集の提出範囲や提出期限は適切か。
③話し合い活動の回数と時間設定は適切か。困っていることはないか。
④定期テストに向けてのサポートは適切か。困っていることはないか。
⑤子どもの発言機会はもっと増やした方がよいか。発言権のあり方は適切か。

といった視点で定期的にアンケートをとります。最近では、「タブレットの使い方は適切か」や「新しく取り組んでいることは効果的か」といった質問をすることがあります。

手順２ 批判ではなく提案を

いざアンケートを始める前には「何のためにやるのか」をきちんと説明します。「先生はもっとおもしろい授業ができるようになりたいです！」と想いを語ります。

アンケート用紙に絶対書くことは「批判ではなく提案を」です。

「授業がつまらないという意見は、単純に傷つくし、次につながらないので不要です」

とはっきり言います。

「つまらないなら、どうすればよくなるのかを書く」

「もっと楽しく、わかりやすくなる方法を提案する」

これが大切です。しかし、これは本当に勇気が必要です。それこそアンケートを始めた時は、ものすごい提案の嵐でした（笑）。

「黒板の字が右に上がっていくので、真っ直ぐにしてほしいです」

「黒板を書いている時に話さないでほしいです」

「ノートの評価はやめてほしいです。まとめ方は自由がいいからです」

「質問しに行きやすい時間と雰囲気をつくってほしいです」

などなど。

しかし、心折れたというよりは、**「これを聴かずに続けていたら、裸の王様になっていたなぁ…」という想いでした。**

そこからは「うなぎ屋の秘伝のたれ」のように、毎年新たにもらえる意見を継ぎ足し継

ぎ足しで改善を繰り返してきました。

手順3　子どもの意見は本当に取り入れるべし

もちろんすべての意見を取り入れるわけではありません。取捨選択はします。気になる意見はクラス全体に聴いて話し合いで決めることもあります。

聴きっぱなしは最悪です。聴いたからには何らかのアクションを示すのが、協力してくれた子どもへの誠意です。

今では「授業が楽しい」と言ってもらうことが本当に多くなりました。先ほど挙げた子どもの意見、私はすべて改善しました。

それを聴いて、私も自信になるし、楽しくなります。

ぜひ一度でいいので、やってみてください。**これを続けて、私は変化を続けていきます。**

ちなみに授業については、やはり「伝える力」も大切です。後述します。

子どもの本音を引き出す授業のやり方（庄子寛之先生より）

いつか担任ができなくなる日がきます……。
だからこそ、子どもたちと「楽しんで」

10

みなさん授業は好きですか？　私は好きです。この時間がいつまでも続いたらいいなって思います。でも一方で、こんな方もいるのではないでしょうか？

「忙しすぎて、教材準備をする時間がありません」
「やらない児童・生徒に注意をしているから、楽しむ余裕なんてありません」
「楽しい授業をしたいけれど、教えなきゃいけないことが多くて詰め込んでしまいます」
「自分が楽しくないから、子どもたちも楽しくなさそうで…」

安心してください。誰もがこのような経験をしたことがあります。もちろん私もです。
これをどう乗り越えていけばよいのか。私なりの考えを話させてください。

問いを磨く

誰だって、すべての授業でしっかり授業準備をすることはできません。もちろん私もです。しかし、授業はしなくてはなりません。そんな時どうしますか？

私は、一回教科書に目を通して、問いを投げるようにしています。

どの教科でも同じですが、私の専門は道徳なので、道徳で考えていきますね。

授業前に、今日やる道徳の教材を読みます。さっとです。

読み終えたら、その中で子どもたちと話したいことを考えます。

例えば、「今日は、そもそも命はなぜ大切なのか？ということを話したい」とだけ決めます。ここの問いは、教師であるあなた自身も考えたいテーマがよいです。授業をしていて、教師である自分自身が楽しくなってくるからです。

授業では教材を読んで、気になったことや感想を聴き、その後に一番聴きたい問い「そもそも命はなぜ大切なのか？」を問います。

一人で調べたり考えたりし、ペアやグループで話し合い、全体で共有する。

その中で、教師があえて逆の意見を言いながら深めていく。これだけです。

「それは道徳だからできるんだ」と思われる方がいるかもしれません。

そんなことはありません。どの教科でも同じです。

例えば社会。今私は5年生の担任なので、「工業生産（自動車）」の単元だとしましょう。

授業前にさっと読み「なぜ、日本の自動車は売れているのか？」という問いだけつくります（もし問いづくりも悩んでいたら、教科書のどこかに問いはあります。それを使ってみてください）。

授業では、子どもたちに一読させて、教師が問いを投げ、一人で調べたり考えたりさせ、ペアやグループで話し合い、全体で共有する。一緒です。

授業準備をしていなくても、児童・生徒に任せればよい学びが生まれます。何でもかんでも教師が教えなければと考える必要はないのです。

子どもたちから学ぶ

教師は教えたくなります。そこには様々な理由があると思います。

1つめは、教えないと児童・生徒は理解できないから。2つめは、教えたいから教師になったから。3つめは、教えていないと、未履修になってしまうから。

どれも、考え方を変えていく必要があります。

まず、あなたが教えている時、児童・生徒はその話を聴いています。「聴く」って、かなり受動的な作業で、脳を働かせるのが一番難しい行為です。

それに比べて「書く」「話す」「読む」という行為は、とても主体的な作業です。脳もフル回転しなくてはなりません。ならば、子どもたちに学びを投げてはいかがでしょうか？

子どもたちは、進んでやります。

教員も机間指導をしながら、子どもたちから学びます。

「この考えおもしろいね。思いつかなかったよ」

「ねえねえ、みんな。◯◯さんの考え素晴らしいんだけれど、聴いてくれる？」

そんなことをニコニコしながら繰り返していると、子どもたちもニコニコしていきます。

「私は最初こう思っていたんだけれど、みんなの考えを聴いて、こう変わったよ。みんな、ありがとう」なんて言いながら授業を終えます。

担任である私も、子どもたちも楽しい授業が理想です。

とはいえ、毎回こんなにうまくいかないのも事実です。授業中にやらない子どももいますし、思った通りに授業が流れないこともよくあります。

思った通りに流れない場合は、子どもたちが悪いのではなく、教員であるあなたの考え方の問題です。

あなたの中に授業の正解のレールを用意してしまっているのです。

授業は生き物です。多少のレールは用意してもいいですが、そこから外れた時は、外れていることを思いきり楽しみましょう。決してそこでイライラしてはいけません。子どもたちは悪くないのですから。

やらない権利を認める

授業に参加しない子どもはどうしましょう？

ここで大切なことは、「やらない権利を認める」ことです。

目の前で問いを投げているのに、教科書も開かない。うつ伏せている。

私はもしそんな子がいたら、優しく声をかけます。

声をかけても教科書を開かないのであれば、そのままにしておきます。もちろん授業中に机間指導している間にも何回か声はかけますけれど。

その子は、やりたくない何かがあるわけです。それは、「わからない」からなのか、「家で朝、保護者に怒られた」からなのか、「そもそも大人への不信感」からなのかはわかりません。でも、何かやりたいけれど、やりたくなくなった理由があるのです。

その背景を想像することが大切です。担任であれば、ある程度の背景はわかるはずです。それに寄り添う。１時間の授業で、人は変わりません。しかし、一年という月日では、人は必ず変わります。常に温かく存在を承認し続ける。その積み重ねが大切です。

現場の担任は忙しいです。でも、いつか担任ができなくなる日がきます。それは定年なのか、管理職になる日か、早期退職する日かはわかりません。でも、必ずいつかくるのです。

今を楽しんでください。

子どもたちが、前を向いて自分の話を聴いてくれる。そして本音を聴かせてくれる。これほどありがたいことはありません。授業は楽しい。そう思って授業してみてはいかがでしょうか？

私はこれからもそうやって、子どもたちから学びながら、変化の激しい時代の授業を共につくっていきます。

11 行事では子どもの声があがりやすい制度設計をしておくこと

行事の後に子どもが語ることこそ教員への通知表。子どもが主役の行事づくりへ

「どうしたら行事がもっと楽しくなると思う?」と子どもに聴くとこんな意見が出ます。

①「練習が終わるたびに、もっと仲間と意見交換する時間がほしい」
②「優勝とかにこだわらず、みんなで協力することを楽しみたい」
③「クラス対抗だと仲悪くなっちゃうから、クラスを超えて協力できるようにしたい」
④「体育大会なら、運動が苦手な人も楽しめるような競技をつくる」
⑤「行事の中でやることを選択できる。やるやらないも選べる」
⑥「先生が考えてやるんじゃなくて、生徒が内容を考えて、自分たちで行動する」
⑦「先生たちがめっちゃはしゃいでほしい。楽しそうな人がいたら楽しくなるから」

なかなか芯を喰ってきますよね。素直に受け止めましょう。

こうしてみると、「勝負」「一律」「従う」という価値よりも、「協力」「選択」「自治」という価値を大切にしたい子が多いことがわかります。

しかし、まだまだ行事のたびに勝敗をつける学校が多いですよね。

結果によっては「どうせ僕たちのクラスはダメだ…」と劣等感をもつ子もいます。他クラスの担任と比べ、「ずるい」「うちの担任は何もしてくれない」と言う子もいます。

そんな背景から、焦った教員が「ちゃんとやれ！」などと怒ってしまったり、「隣のクラスに負けるな！」と煽ってしまったり、「勝ったから私は優秀な担任だ！」と思ってしまったりする事態にもなります。それではせっかくの行事が楽しくない…。

勝敗をつける場合、他クラスを「敵」と見なすことで、確かに集団はまとまりやすいのですが、独裁者の手法です。学校だからこそ、そこに頼りたくはない。

行事に目的はあれども、子どもにとってはやはり「祭り」です。怒られてやるものじゃない。祭りは楽しんでなんぼです。「聴く力」で行事はもっと楽しくなります。

動き出すまで重いけど、動き出せば軽い説

行事のたびに「教師が引っ張るのか、子どもに任せるのか」という議論があります。当

然目の前の子どもをよく観察しますが、私は「どっちも」だと思っています。

何事もバランス。何事も0か100かではありません。

そして多くの場合、動き出しは引っ張る&子どもの声があがりやすい仕組みづくり。中盤から後半はサポート役に徹し、見守る（映像は絶対に撮っておいた方がよい）。

仕組みづくりの手順を紹介します。
①「何のために行事をするのか」を考えさせ、話し合う（超重要）。
②「どのように取り組みたいのか」を考えさせる。
③学級リーダーに、練習日程を考えさせる（本番からの逆算）。カレンダーをつくる。
④やるべきことをリストアップして、各部署のリーダーを決めておく。
特に④は重要です。今は「でしゃばると嫌われる……」と考える子どもが多いのですが、役割があれば、大義名分があるので動きやすいようです。

「長縄リーダーやりたい人？　じゃあ君に任せた！　長縄担当大臣ね。跳び方とか調べてきて。練習中は指示を出してね」みたいな感じです。

すると、子どもから「先生！　こんなやり方どうですか？」という声がどんどんあがってきます。基本的に教員は聴く。「オールOK」の姿勢でいきましょう。頼もしいですし、教員一人が引っ張るより、圧倒的に楽しく、まとまります。

「どんなカタチなら参加できそうかね？」〜得意を生かして参加できる道を〜

最近では、「足が遅いから体育大会に参加したくない」「歌が下手だから合唱コンクールに参加したくない」「みんなと協力するのが苦手」という子どもが増えています。

そしてそれに対して「無理はさせないように」「本人の意思を尊重しよう」という風潮もあります。**しかし私はプロとして「そうですか、わかりました」などとおめおめ引き下がりはしません。最後はいい思い出にしたいし、させたい。**

もちろん無理やり参加はさせませんが、ここでも役に立つのが声を聴くことです。

①参加する気のない子どもと一対一で話し、何が心配なのかを聴く。
②参加の仕方について、他の子どもと一緒でなくてもよいか、主任に相談しておく。
③子どもと対話し、得意なこととか、できることで参加のカタチを一緒に考える。
④その子が参加できるような体制を整える。

以前、どうしても体育大会に参加したくないという子がいました。「やりたくない」「意味がない」の一点張り。その子は絵を描くことが非常に上手でした。私は聴きました。

「何ならクラスに貢献できる？」

「絵なら…」

「よし、じゃあ旗でもつくろう！」と提案しました（旗づくりをしない学校でした）。

彼はその話を受けました。すると「私も手伝います」と言ってくれる子が何人も現れました。

仲間の協力で完成した旗。彼と手伝ってくれた仲間の嬉しそうな顔。本番当日、私のクラスにだけひるがえる学級旗（もちろん許可を得て）。今でもいい思い出です。

MVPは参加したみんな。だからみんなに話を聴こう

参加している全員が英雄です。全員が、その子なりの想いと本番までの物語をもって挑んでいます。差はありません。行事は特別な個人を称えるためのものではありません。

だから行事の後は極力、全員が話す時間を確保します。一人一人の子どもが何を話すのか、それこそが教員に対する「通知表」です。

泣きながらがんばったことを話してくれる子もいました。

行事なんて嫌いだったけど、私はこの取り組みで変われたという子もいました。

どれも感動的な思い出の名シーンです。

先ほどの旗をつくった子も「みんなと一緒に参加できてよかった」と話してくれました。後日談ですが、彼は芸術の道に進み、パリで個展も開いたそうです（旗が原点!?）。子どもが行事で輝く姿を見せてくれる。これも教員の楽しみ、特権です。

提案　行事における勝敗の見直し

競争を楽しむという要素のある体育大会などはよいと思うのですが、例えば合唱コンクール。**歌は文化なので、何のために歌うのか、誰のために歌うのか、何を伝えたいのか、を追究することに時間と労力をかけるのはどうでしょう。**

また、行事の主役は子どもです。運動が得意な先生もいれば、合唱指導が得意な先生もいるでしょう。得意なことをシェアし合って、子どもの成長に貢献できたら嬉しいですね。

オール大人で関わって、どのクラスも「よかった」で終われるといいですよね。

第3章

「伝える力」を発揮する
10の秘訣

1

「教育哲学」を書き出して伝えたいことを明確に

「教育哲学」とは、あなたがどうしても子どもに伝えたいこと、譲れないもの

「聴く力」で子どもの本音を聴くと、信頼関係が構築されます。

しかし、それだけでは「楽しく働く」には不十分です。なぜなら子どもの声を聴き、要望に応えているだけでは、心が疲れてくるからです。自分の心を押し殺してばかりでは、楽しめません。圧倒的に自分勝手に、好き放題やりましょう！

我々教員は、何か伝えたいことがあってこの仕事を選んだはずです。退職する時、「あーしっかりと文部科学省の想いを代弁できてよかった！」なんて私なら絶対に思えません。

我々教員は、毎日子どもに想いを伝えられます。そのチャンス、生かせていますか？

「伝えたこと」は、相手の心に強烈に残ることがあります。「鬼滅の刃」でも「ワンピース」でも、命がけのメッセージを受け取ったキャラクターが、想いをつないでいくシーン

があります。信念は目には見えません。しかし信念は確実に人に影響を与えます。当然漫画のようにかっこよくはできません。**しかし、手の届く範囲に、自分にできる限りを伝えることならできます。**想いが伝わった瞬間は最高に楽しいひと時です。

「教員として、どうしても子どもに伝えたいことは何ですか？」

手順１　まずは思いつく限りたくさん書いてみる

紙を出して、ペンを持って、子どもに伝えたいことを思いつく限り書いてみましょう。それぞれが、「自分にしか伝えられないこと」を自分の内側にもっています。なのに外へ外へと探しにいく。「もうあなたの中にありますよ！」と言いたい。

自分の中にあるものを肯定する。そうでなければ、誰も肯定してくれるわけがない。どうか素直に出てきた「伝えたいこと」を大切にしてください。それこそがあなたの「教育哲学」です。何個書けましたか？

手順2　書けたことはあなたにも子どもにも「幸せ」ですか？

書いたことを見返して、**「伝えたいことの先に、私の笑顔と、子どもの笑顔があるかな？」**と考えてください。あればOK。「自他共に幸せ」が大切。**特例は気にしすぎないでください。**例えば、今はいろんな家庭環境で暮らしている子がいますが、私は「親孝行は大事だ！」と、堂々と言います。配慮はします。でも遠慮はせずに。

手順3　たくさん書けた中から、特に伝えたいことを5つ程度選ぶ

なぜ選ぶのか。あなたがお世話になった先生を一人思い浮かべてください。その方が伝えてくれたことは、何ですか？

10個も20個も出てくる方いますか？　悲しいかなほとんどいないと思います（1週間前の晩御飯のメニューだって怪しい…）。人間の記憶はそんなものです。

印象に残っていることはきっと「先生の強烈な感情が発揮された場面」か「毎日毎日言い続けていたこと」でしょう。

私たちが伝えられることは限られています。「結局何が言いたかったの？」となってしまわぬよう、伝えたいことも研ぎ澄ますのです。

Dランクの武器10個より、SSランクの武器1個です。

手順４ 伝えたいことをA５サイズの紙にまとめて職員室のデスクに飾る

私は出勤したら、毎朝デスクマットに挟んであるこの紙を見ます。伝えたいことを確認し、教室へ向かいます。私の言葉を待っている子がいると思い込んでいます。

ただし押し付けないことを十分意識します。「我」が強すぎると、思い通りにならなくてムカついてしまいます。**子どもにも子どもの生き方があります。人に生き方を強制する権利は誰にもありません。教員にできることは、あくまで伝えることだけです。**

手順５ 仲間と教育哲学を語り合おう

同僚と「教育哲学」を語り合うメリットは

①自分の教育哲学がより明確になる。

②人のいいと思った教育哲学を取り入れることができる。

③同僚の方針がわかり、方向性を同じくすることができる。

4月、初めての学年スタッフミーティングで、「子どもに伝えたいことって何ですか？」というテーマで話し合ってみるのもおもしろいと思います。

教育哲学を語り合う時は「相手を理解しよう」「理解したい」という一歩目が大事です。

お互いが自分の言いたいことをぶつけるだけの「他者」を欠いた対話は、一方的な言い合いに終始します。マウントをとろうとせず、対話には相手への敬意が大切です。

自分の感情を手本とせず、自分の「教育哲学」を手本とする

人間の感情は常に揺れています。昨日はあれほど食べたかったケーキが、今日は見るだけで吐き気がする、そんな時もあります。

そんな感情を基準に生き方を決めていたら、その日の気分によって決断ブレブレ、教育方針ブレブレ、声かけの内容ブレブレ、右往左往してよい仕事はできません。

「教育哲学」は、あなたの進むべき「羅針盤」です。

迷った時、困った時、感情が揺れていて正確な判断が難しい時こそ見直すことで、必ず役に立ちます。自分の教育の立ち返る場所を確認して、また理想へと進みましょう。

改めて言いますが、自分が伝えたいことを伝えるから楽しいのです。

熊谷の教育哲学十則（子どもに伝えたいこと）

①身の回りのことは、自分でできるようにしよう。
②自分のことを受け入れて、大好きでいよう。
③「おもしろそう」と「やってみたい」に素直でいよう。
④「何のために学ぶのか」を自分に問い続けよう。
⑤自分の信念に基づいて行動しよう。
⑥優しさと感謝の心で相手に接しよう。
⑦よりよい集団づくりに貢献しよう。
⑧相手と意見が違ったら、じっくり話し合おう。
⑨自他共の幸せを実現させよう。
⑩親・家族を大切にしよう。

2

「教育哲学」はあなたの歩いてきた人生に転がっている

あなたと全く同じ人生を歩んできた人はこの世に一人もいない。そこに価値がある

なかには「伝えたいことがうまく見つからない…」「自信がない…」という方もいます。

…いや、伝えたいことはあります！

もっといえば、あなたにしか伝えられないことが必ずあります。

なぜなら、あなたと全く同じ人生を歩んできた人は、この世に一人もいないのですから。

あなたが経験してきたことに価値があるのです。

手順1　「苦しかったこと」「失敗」を伝えたいことに変換する

「願兼於業（がんけんおごう）」という言葉があります。

これは「誰もが幸せになれることを証明するために、人はあえて乗り越えるべき苦しみ

を背負って生まれてきた」という意味の言葉です。

あなたの「あれは大失敗だった…」「あれは苦しかった…」という出来事は、同じ境遇の人に希望を贈るために、あえて望んであなたが引き受けたという考えです。

例えば病気に苦しむ子どもに、病気を経験していない人が言う「大丈夫だよ」よりも、病気を経験し、それでも乗り越えた人が言う「大丈夫だよ」の方が説得力があります。

悩み苦しみ抜いた人が人を幸せにできないはずがありません。

うまくいかない時にこそ、人生の深みがあるのです。乗り越えた姿に人間性の輝きがあります。苦しかったことや失敗を伝えたいことに変換してみましょう。

手順２　子どもに聴いてみる

「(自分の名前)先生といえば…の後に続く言葉、教えてよ！」と聴いてみましょう（もちろんいいこと限定で）。伝えたいことが見つかると同時に、自己肯定感が爆上がりするという一石二鳥の方法です。

私の場合「毎日超楽しそう！」「男性というより…無邪気な少年！」でした（37歳）。

あなたが「無意識のうちに」大切にしていて、伝えていたことが見えてきます。今まで

子どもからもらった手紙を読み返してみるというのもオススメです。出た意見のいくつかを意識的に「伝えたいこと」にしてしまいましょう。

手順3 あなたの「座右の銘」を伝える

そこには、あなたの人生で大切にしたい考えがぎゅっと短い言葉に詰まっています。

ちなみにいくつもある私の座右の銘のうち一つは

「明日死ぬつもりで生きろ。永遠に生きるかのように学べ」

というガンディーの言葉です。毎日を完全燃焼で生きたいという願いです。

でも「明日死ぬつもりで生きろ！」とかそのまま伝えるとちょっと怖いですよね（笑）。

なので「今日を楽しもう！」「ベストを尽くそう！」「いい人生は君がつくれ！」と言い方を変えます。

あなたの座右の銘は何ですか？

手順4 自分の武器を生かして伝えよう

インターネットの発達により、教育もコモディティ化しているのかもしれません。言っていることだいたい同じ現象。だからこそ、人との差が武器になります。

では、自分だけの武器とは何でしょう？　それは趣味や特技、経験してきたことです。

例えば読書好きは本や絵本を紹介する中で、カメラ好きは写真を掲示する中で、運動好きは一緒に遊ぶ中で。

それは、どんな教育書にも載っていない武器です。しかもそれをしている時のあなたの楽しそうな顔ですよ、ポイントは。どんな立派な言葉よりも伝わります。

それを磨き、唯一無二の教育スタイルをつくり上げてください。

以前、学年主任をしていた先輩（大株主であり、世の中の優しさを固めてできたような人）はギターが特技。3年生を送る会でオリジナル曲を弾き語りしていました。我々スタッフはキラキラの付いたうちわを振りました。

私はダンスが特技。文化祭で、DA PUMPの「U.S.A」にのせて、子どもたちと踊りながら、楽しむことの大切さを伝えました（体育館中が熱狂に包まれました）。

3

「どう伝えるか」を考える

～必要最低限の方法とは～

姿と行動で伝える、言葉で伝える、
贈り物や文字に託して伝える…この3つが基本

伝えたいことは出そろいました。次は「どう伝えるか」です。まずは、「伝える方法」を洗い出してみましょう。ただ、あまりにもこだわりすぎると、「策士策に溺れる」状態です。**「伝え方の最低限」を設定しましょう。いろいろやらない。まずはこの3つでOK。**

方法1　姿と行動で伝える

私は伝える力の究極がここにあると思います。これが一番の説得力を生みます。

現場のすごい先生が「特別なことは何もしていませんよ」と言うのは、無意識に見本を見せているからであり、もちろん技術もあると思いますが、「よく生きている」のです。

だから手立てがどんどん削ぎ落とされて、自然と仕事も楽になります。

「よい教員への道は、己の成長の道」だからこの仕事は楽しくて奥が深いのです。

「縁起」という言葉があります。「黒猫を見た。縁起悪い…」とか言いますが、本来は「縁（よ）りて起こる」という意味です。

何かに縁をする、という原因や条件があって、結果が現れる。

「さっきまで心は穏やかだったのに、暴言吐かれて（縁）、一気にムカついてきた（起）」というように。

だからこの仕事を楽しむには、マイナスの縁に振り回されないことが大切です。

それ以上に大切なことは、教師が子どもにとって最高の「縁」になることです。

教師が縁の源となり、子どもをぐっとよい方向へ引き寄せましょう。

挨拶できる子に育ってほしければ自分から挨拶をする。

掃除できる子に育ってほしければ自分からごみを拾う。

「ありがとう」を言う。「ごめんなさい」を言う。自分が勉強をする。自分が挑戦する。

笑顔でいる。優しい言葉を言う。人を傷つけることはやらない。

あなたの教育哲学を背中で語るのです。

目の前の子どもは自分が仕掛けた「縁」の集大成。生き様見せたりましょう！

方法2　言葉で伝える

直接アプローチする方法としては、**結局これがシンプルにして最強です。直接言う！回りくどいのはなしにして直球勝負！**

短い言葉で言う！　何度も言う！　迷ったら言う！

よく思うんですよ。言っても伝わらないことが多いのに、言わずに伝わるわけがないと。

ちなみに私は、
①受け取る準備をさせます。「真剣に話すよ」と。もしくは話す前に「間」をとります。
②歯が浮いてしまうような照れくさい言葉を、真剣に言います（照れさせる）。
③最後に笑顔でちょっとした冗談を言います（あんまり褒められても、どんな顔をしていいのかわからないそうです。笑）。

では、何を言うのか？　**私の場合は「願い」をかけます。**

目の前の子どもは、どうなりたいと思っているのですか？　子どもにそれを聴いていますか？　あなたは目の前の子どもにどうなってほしいと思っていますか？　それに近づく場面を逃さずに「見ていること」が大切！　見る！　そして言いましょう。

「今日の朝の会の司会、最高だった。みんなの前で上手に話せるようになってきたね」

「今日、自分からお友達に話しかけにいけたね。素晴らしい。勇気出せたね」

こうやって、子どもに「私は成長できたんだ」と実感させられる魔法をかけましょう。

大袈裟ではなく、そのひと言で子どもの人生が変わることだってあります。

あとはやっぱり「ありがとう」です（原点にして頂点）。

あなたの教育哲学に近づく瞬間は、必ずあります。その時すかさず「ありがとう」です。

子どもには「必要とされている実感」が必要です。

「え？　実行委員に挑戦するの？　かっこいいな！　刺激もらったわ！　ありがとう！」

「母の日にプレゼントを買ったの？　先生まで嬉しいわ！　ありがとう！」

「手痛いはずなのに、ずっと仲間のために長縄回してくれたね。ありがとう！」

こんな感じで「ありがとう」「あなたが必要だよ」「いてくれて嬉しいよ」を伝える。

これでいいのです。ウザがられるくらい直接言いましょう。それだけでいい教員です。

方法3　贈り物や文字で伝える

こんな話があります。昔、インドのある村に、釈迦が訪れました。ある子どもが「僕にもできることをしたい」と、土を丸めてつくった餅をプレゼントしたそうです。

当然土の餅など食べられません。何の役にも立ちません。

しかし、釈迦はその健気な「真心」を大いに褒めたそうです。その行いが因となり、その子は有名なアショーカ大王に生まれ変わった、という話です。

非科学的な話かもしれませんが、私は子どもに何かを贈る時、伝えたいことと真心を込めることを第一としています。渡したいのは物ではなく「あなたを大切に想うよ」という心です。

ちなみに、私は子どもに手紙を書きまくります。

学級通信でも、伝えたいことを文字にのせます。ちなみに学級通信は生ものです。配るタイミングと活用方法で伝わり方に歴然の差が生まれます。

行事は特別深く子どもの心に刻まれるという魔法がかかります。私は特製「熊谷お守り」をつくります。表には伝えたいこと。裏には日々の練習の写真。もちろん名前は直筆で書き入れます。

その他にも、特製「熊谷御朱印」「熊谷合格祈願」を渡すこともあります（笑）。

トイレは学校の中で一番ほっこり落ち着ける場所です。「無」になれる時です。だからこそ、便座に座った目線の先に「名言集」を掲示しておくこともあります（笑）。

私は、「そこまでやってくれるのか！」というところまでいくことを1つの目標としています。子どもは想像以上に喜んでくれます。この時が最高に嬉しいんです。

難しいことを考えず、「姿と行動で伝える」「言葉で伝える」「贈り物や文字で伝える」。まずはこの3つを極めてみては？

「いつ伝えるか」を考える

～継続可能な伝える時とは～

4

朝の会、行事に向かう過程の中で、授業の中で…この3つが基本

聴いてもらえる場が整うのを待っていてはいけません。時は自分でつくるものです。たとえ求められていなくても「伝えるモード」の時は、自らの意志に従って語りましょう！子どもの反応が薄くても気にしなくて結構。種を植えていると思いましょう。毎日水をやれば、必ず花咲きます。それに、大人になってからふとした瞬間に「そういえば先生、こんなこと言っていたなぁ」と、思い出すこともあるそうです（成人式で言われます）。

では、私の経験上、オススメの伝える時を紹介します。

絶好のチャンス。朝の会で伝える

朝の会は大チャンスです。子どもも眠たいからか落ち着いて聴いてくれます（笑）。

当然その日の連絡は、確実に漏れなくします。連絡がミスだらけだと信頼を失います。ただ、正確な連絡だけなら、伝書鳩でもできるわけですから、連絡後に「…でね！」で伝えたいことに入る。**朝一番ということで、子どもの反応が薄くても、心に刺さっていると信じて続けましょう。堂々と語る。子どもは教師の大宣言を待っています。**

ちなみに私は毎朝「今日も楽しもう！」で始まり、帰りの会は「今日もめちゃくちゃ楽しかったな！」で終わります。始まりと、終わりよければ、すべてよし。

年間行事予定を通して伝える

行事ごとに「伝えたいこと」を決め、本番に向かう中で伝えます。

学校ほどイレギュラーがなく、計画通りに一年が進んでいく職種もあまりないように思います。どこで何を伝えるのか、プランニングが容易です。

部活動での話になるのですが、昔野球部の教え子が引退の時に

「確かに大会は楽しかったです。**でも振り返ってみると、大会当日以上に、大会に向かってみんなで情熱を燃やした練習の日々こそが僕の青春でした**」

と話してくれました。その時、幸せとは到達点のことではなく、目標に向かって努力＆前

進していくその日々の中にこそあるのだと気付きました。**過程の中で伝えましょう。**

授業を通して伝える

授業は伝える大チャンス。

授業は対話です。そして、授業を通して、まだ子どもが知らない世界を見せましょう。子どもの世界は狭くなっています。家族団らんは減り、スマホはパーソナライズされて興味のある情報しか提示されなくなっています。だからこそ、教えることから逃げずに、しっかりと伝えるべきことは伝えることも大切だと思います。意識することは3つです。

伝え方1　「な？　めちゃくちゃおもしろいだろ？」

世の中はおもしろいことと不思議なことにあふれています。

それと出会うきっかけをつくり、「好奇心」を湧き立たせるのが授業の役目です。「おもしろい！」と思ってもらえる工夫をしましょう。おもしろいと思えば自分で勝手に追究を始めます。授業時間内で1から100まで伝えることは難しいのですから。

伝え方2　「いや、実は君の生活にもめちゃくちゃ関係あるんだけど…」

どこか遠い世界の話をしていても、子どもは興味を示しません。それでは伝えたいことも伝わりません。「僕の生活に関係ある!」と思わせることこそ、出発点であり、帰着点です。身近に思える問いから始めることは、かなり有効です。

伝え方3　「先生が伝えたいのは原爆という単語じゃないんだよ」

例えば私は社会科の教員ですから、「原爆に関しては、場所と日付だけ覚えればいいですか?」と聴いてくる子どもがいます。

子どもは素直ですから、それでよいのです。しかし、知識は「試験に役立つかどうか」が本質ではありません。

原爆であれば、どれだけの破壊力で、どんな後遺症が残って、被爆者の方にどんな苦しみがあったのか、未来を生きる子どもに、精一杯伝えるようにしています。

5 伝える実践がうまくいかない時は、3つのチェック項目で振り返ろう

心が躍っているか、多忙感が増していないか、子どもの反応を気にしすぎていないか

伝え方は「姿と行動で伝える」「言葉で伝える」「贈り物や文字で伝える」だけでいいと思います。**しかし、「それ以上の伝える実践」をつくりたくなる時、ありますよね？**

人間には「チャレンジ期」と「安定期」の周期があると思っています。安定期に無理をする必要はありませんが、チャレンジ期の衝動も大切にしたいですよね。

私も今思えば何だったんだろうということも含め、多々仕掛けてきました（笑）。「心を磨く掃除」「哲学対話」「リーダーに感謝する会」「修学旅行大宴会&逃走中」「出校日夏祭り&怪談話」「リアル脱出ゲーム」「株ゲーム」「名言メーカー」などなど。

しかし、せっかく考えてチャレンジした実践がうまくいかない時もあります。私はその方が多いのですが、すべて成功するほど簡単なら、やりがいもありませんよね。

まずは、子どものことを想って挑戦した自分を褒めます（そして自分に甘いものを買います）。

本当の失敗とは、失敗を恐れて挑戦しないことです。

次の「伝える実践」を見つけるために、「うまくいかなかった原因と対策」を、３つのチェック項目とともに考えましょう。

考えられる原因ー　自分自身が楽しんでいなかった

その「伝える実践」で自分自身が楽しめていないのなら、速攻でやめましょう。「一度決めたことは最後まで」みたいな考えは、一旦置いておいて。**「勇気ある撤退」は素晴らしいことです。**

興味のあることなんてどんどん変わります。**むしろ自分が楽しくないことを惰性で続ける方がよくないと思います。**あなたは自分がまずいと思ったご飯を人に出しますか？

私はこれを「つまらないものなら渡すな理論」と呼んでいます。

私もいくつも途中でやめた実践があります。そして次の新しい実践を、ワクワクしながら考えます。**大切なのは「おもしろがり力」です。**

考えられる原因2　多忙化しすぎてしまった

張り切って考えすぎて、「伝える実践」のこだわりがすごすぎて、時間の余裕がなくなってしまったというパターンです。私はこれをよくやってしまいます。しかしこれでは本末転倒です。

教員は、背負いすぎた仕事を捨てていく感覚が大切です。次の手立てを考える時は、なるべく簡単なものにしましょう。シンプルイズザベスト！

考えられる原因3　子どもに多くを求めすぎた

「伝える実践」に子どもがついてこなかったら、失敗なんじゃないかと思ってしまいますよね。しかし、私は子どもの大きな変化を期待していません。

子どもの中には、感情を表に出すのが苦手な子もいっぱいいます。私なんかはよく、無表情の子どもたちを前に「内心大喜びなんだろうなぁー」という「ナルシストモード」を発動させています（笑）。

次の実践を考える時は、子どもは予想通りじゃなくて当然、「のってくれたら不思議、のってこないのが当たり前」というスタンスでいいと思います。

あとは「やってくれない」ばかりに目が行く減点方式から、少しでも取り組んでくれたことに感謝する加点方式に切り替えると、子どもの変化を一緒に喜べばいいだけなので、楽しいですよ。

一生懸命やって、思ったような成果が出なくても、きっと子どもはあなたの「挑戦する姿」「努力する姿」を見ています。トライ&エラーを繰り返しましょう。

最後に、苦労してつくった「伝える実践」が成功したとしても、恩着せがましく振る舞うのはやめた方がよいと思います（心の中で「やったぜ！」と思うのは自由です）。

確かに私も両親から「感謝しろ」と言われたことは一度もありません。
その姿を何度かっこいいと思ったことか。
見返りを求めない愛だからこそ、迫力が出ます。

6 「叱る」も伝え方の一つ
～叱る基準は自分の中に～

叱る基準には生き方が表れるから、子どもの成長を第一に考え、適切な叱り方で

「叱る」というのは極論「君のことが大切なんだよ！」ということを強烈に伝える行為です。伝える力がなければ誤解が生まれることもあります。自分らしさを失うこともあります。

叱る基準は自分の中にある

何のために叱るのか。子どもに「よくないこと」を理解させ、内省させ、次への一歩を踏み出させるためです。だからこそ真剣勝負です。最悪、嫌われるのも覚悟で叱ります。

では、「よくないこと」って何でしょう？多くの人はここで悩んでいます。

しかし、はっきり言って私は万人に共通の「叱る基準」はないと思います。

「叱る基準」は外に求めるより、自分の生き方の中に求めましょう。

人の基準で叱ったり、叱るのを我慢したりすると、着ぐるみを着ている感覚に陥ります。

私の基準は何だろうと考えた時、何回かとっさに叱ってしまった時のことを思い出しました。

例えば、子どもが私に何度も嘘をついて、隠れてお菓子を食べていた時。部活動で一生懸命練習をしている子がしりもちをついたのをバカにして笑った時。人の水筒の中身に入れてはいけないものを入れた時。そのたびに、真剣に叱ってきました。

私はどんな時に見過ごせないのか？　自分と向き合ってみると、

「人をバカにする言動」「卑怯な行為」「自己中心的な嘘」「人の真心を踏みにじる行為」「盗み」。つまり自分と他者を、悪意をもって踏みにじる行為はやめさせたいようです。

いろんな先生が、自分の人生から紡ぎ出される「よくなってほしい」という想いの中で、子どもは大きくなります。あなたの基準でいきましょう。ただ独善で偏屈にならないためにも、その基準を同僚と意見交換するのは大切です。

「どんな時に叱ります？」と、同僚に聴いてみましょう。

はっきり言って叱りにくい世の中になってきました。**しかし、超えてはいけない限度が**

あることを教えてあげるのも、大人の責任です。

そして叱る基準は、4月に伝えておきましょう。後出しじゃんけんはダメです。

「叱る基準」と「叱り方」は別

ここで誤解してほしくないのは、「叱る＝怒鳴る」ではないということです。叱る基準に達したら毎回怒鳴るというのはナンセンスです。

子どもを怯えさせてはいけません。私の反省からもお伝えしたい。

愛を適切に伝える「叱り方」は、ある程度の法則性があります。叱ることが世間で問題になっているのは、ほとんどが「叱り方」です。「叱り方」について考えてみましょう。

叱り方1　叱る基準があるといえど、人間関係がすべて

例えば、通りすがりのおじさんに急に叱られたとして、いくら正論だろうが子どもは内省しません。**やはり関係性に尽きます。子どもにとっては、あなたもまだ「知らないおじさん」かもしれませんよ。**「聴く力」を使って人間関係を構築しましょう。

叱り方2　話し方とNGワード

しっかり目を見て、冷静に伝えましょう。「バカ」「アホ」という嫌みな言葉。「なんでこんなこともわからないんだ」という見下す言葉。「お兄ちゃんは優秀だったのに」という人と比べる言葉。「もう知らない」と突き放す言葉はNGです。

殴られたあざは1週間で消えても、心に刺さった言葉の傷は一生残ることもあります。

叱り方3　なるべく一対一で

人前で叱りません。面目を潰すことをしてはいけません。子どもにもプライドがあります。また、群衆の前では、子どもの気が大きくなってしまって「反発」に変わることがあります。それでは絶対に「内省」までたどり着けません。

叱り方4　怒鳴るだけでは伝わっていない

以前、同僚に怒鳴られて泣いている子に、何を指導されたのか聴くと、

「何を叱られたのかわかりません。とにかく怖くて泣けてきました…」と答えました。

改めて「気付きを与え」「内省させ」「次の行動につなげる」という流れを丁寧に行うことの大切さを感じました。注意レベルのことで怒鳴る必要はないのです。

不必要な叱りを避けるための2つの方法

不必要な叱りを回避するのにかなり役立つ理論が2つあります。

1つめは「何か事情があるかも理論」です。子どもがイラッとする態度をとっても、とっさに「何か事情があるかもしれない！」と強く思って我慢するか、「どうした？」と聴いてみましょう。瞬間湯沸かし器のように叱ってしまうのをぐっと踏みとどまることに、かなり役に立ちます。

2つめは「かさぶた理論」です。「気になる行動が多すぎて叱ってしまう…」という子がいますよね。「かさぶた」だと思ってください。気になって掻くから、かさぶたがはがれて逆に治りが遅くなる。**かさぶたはあえてそっとしておくんです。**

「かさぶた、かさぶた、かさぶた、かさぶた…」と心の中で繰り返し、あえて関わらない。自分の感情が落ち着いてきたら、叱る以外に別の「支援」を考えましょう。

「叱る」に関して思うことをつらつらと

・若い先生は、先輩が叱る現場に一緒にいて、よい言葉や方法を盗みましょう。
・「叱る」と「躾」は別物。やはり生活を円滑にする「躾」は大切です。
・子どもがすでに「悪いことをした…」と思っている時に怒鳴るのは、下策中の下策。
・子どもは何度も叱られることをする。それでも信じ抜けるかが問われているのは自分。
・「どうして僕は何度も同じ過ちを…」と考える子どものわびしさを、頭の片隅に。
・何をして（事実）何がいけなくて（価値観）これからどうするか（成長）を明確に。
・傷つけた相手はどう思ったか、信頼してくれている人はどう思ったか、考えさせたい。
・人を傷つけるのはダメ。でも自分を見捨てて投げやりに生きるのもダメだと伝えたい。
・「最後に言い残したことない？」とは聴いておきたい。大切なのは、納得感。
・子どもが部屋を出る時は、生まれ変わるための第一歩。下を向いてではなく笑顔で。
・叱った後、いつまでもネチネチと言わない。せめて教員はケロッとしていたい。
・男（性別ではなく生き方）なら、女性教員が力を発揮できるよう体を張れ！

7 「学級開き」こそ、教育哲学を真っ直ぐに伝えよう！（小出潤先生より）

「初めにないものは、終わりまでない！」覚悟ある所信表明を！

学級開きの日。それは一年間受け持つ子どもたちとの出会いの日です。

これから始まる新しい学級に、子どもたちも担任も、ドキドキワクワクしていると思います。

そんな大切な出会いの日、始まりの日だからこそ、担任として一番伝えたいことを「所信表明」として子どもたちに伝えています。

以下は、小学5年生を受け持った時の学級開きの日に話した内容です。

話した内容１　人間は一生のうちに逢うべき人には必ず逢えるんだよ

出会いは奇跡です。１秒に一人ずつ会ったとしても、一生のうちで地球上のすべての人と会うことはできません。この教室で、先生含めこの31人で過ごすということはものすごい確率なのです。つまり、私たちは逢うべきして出逢ったのだということです。

かつて、国民教育の師父と呼ばれた教育者である森信三先生は、出逢いについて、このような言葉を残されました。

「人間は一生のうちに逢うべき人には必ず逢える」
「しかも一瞬早すぎず、一瞬遅すぎない時に」

先生にとっても、君たちにとっても、この出逢いは意味のあるものなのです。

私も君たちから多くを学びたいと思います。先生からもたくさん吸収し、クラスの友達と仲良くなって、共に学び合っていきましょう。

話した内容2　**意味のない命なんてないんだよ。みんなに使命があるんだよ**

あなたは、この世の中にたった一人しかいない大切な存在です。かけがえのない命です。

さて、みなさんは、人間が人として生まれてくる確率はどのくらいだと思いますか？

実は、人間が人として生まれる確率は1億円の宝くじを百万回連続で当てるよりも、まれだと言われています。

例えばもし、あなたの両親が出会っていなかったら、あなたはこの世に生まれていません。両親の両親が出会っていなくても、あなたは生まれていませんでした。

このように、十代さかのぼるだけで、実に1024人のご先祖様がいます。もっとさかのぼると、**何億人というご先祖様の命のバトンを受けて、今の私たちの命があることに気が付きます。**

私たちは、そんな奇跡の命を生きているのです。悠久の過去から永劫の未来へつながる命。人はそれぞれに生まれてきた使命があるのです。意味のない命など1つたりともないのです。先生もみんなの命を最大限に輝かせることができるように、全力を尽くします。

話した内容3　誰かのために、何かのために、行動できる人になろうね！

5年生のみんなは、社会科の学習の中で、「日本の現状や世界とのつながり、日本の抱える課題」について学びます（世界の中の国土、農林水産業、工業、環境問題等）。

そのような広い視野での学問を通して、**「自分の夢」（やりたいこと、理想の姿）と「志」（どんな世の中にするために、自分は何をするか）を自問し、探究していきます。**

夢と志をもつことが、自分の命を最大限に輝かせる力ギとなります。ぜひ、たくさん学びながら、自分の夢や志を見つけてください。

最後に、江戸時代から明治時代にかけて、日本のために活躍した多くの偉人を育てた教育者、吉田松陰先生の言葉を紹介します。

「今日よりぞ　幼心（おさなごころ）を　打ち捨てて　人となりにし　道を踏めかし」

高学年となった今日から、自分でできることは自分でやり、誰かのために、何かのために学び、行動できる人を目指して、その歩みを始めてほしいと思います。

子どもや保護者の反応

私は、初日の宿題として「先生の話を聴いた感想」を書かせます。さらにこれらの所信表明は、学級通信にも掲載し、年度はじめの保護者会でも話します。ある子どもは、「先生の話を聴いて、お母さん感動して泣いたって言っていたよ」と教えてくれました。

「初めにないものは、終わりまでない」とは私の師匠、林英臣先生の言葉です。最初だからこそ、教師としての志や信念を、明確に伝えていきたいと思います。

8 自分だけの「オンリーワン」の武器を生かして伝える（宮川勇作先生より）

武器は挑戦から生まれる。「子どもたちに伝えたくなる実体験」が私の伝える武器

私の武器は、「やってみたい！」という衝動に素直なことであり、挑戦できることです。**挑戦を繰り返す私だからこそ「伝える」時に武器にしていることは「実体験」です。**体験したことには自然と思いが込められます。

南米のパラグアイに行ってきた経験

教師になって5年目、初めて小学1年生を担任しました。この年、私はJICAが主催する教師海外研修に参加しました。

かねてより「世界に出てみたい！」「海外の子どもたちに会いたい！」という想いがありました。**日本の子どもに、世界平和やグローバリズムを語るのであれば、実体験を積ん**

で、魂を込めて語りたかったからです。そんな自分にとっては絶好のチャンスでした。

夏休みの間の2週間、南米パラグアイに赴き、現地の教育現場をはじめ、産業や医療、日系社会や貧困地域などを目の当たりにしました。

そこで感じたのは

①パラグアイの子どもたちにも夢があり、好きなことで人の役に立ちたいと思っている。

②家族をとても大切に想っている。

ということです。特に家族や友人は大切にしていて、休日は近所の人たちと「アサード」と呼ばれるバーベキューで語らいます。7月30日は「友情の日」なのも素敵です。

日本に帰り、この経験を子どもたちに伝えたいと思いました。**しかし、「果たしてあの小さな子どもたちに理解できるだろうか…」という不安も抱いていました。**

葛藤しましたが「伝えよう」と決め、現地の写真や動画、現地で購入した工芸品などの実物も使いました。

何より、その場で感じた本物の経験を情熱とともに話しました。

そこから、日本とパラグアイとの共通点や違い、さらには、「貧困に苦しむ子どもたちがみんな学校に通えるようにするためにはどうすればよいか」を一緒に考えました。

グループでの話し合いが盛り上がり、習ったばかりのひらがなでそれぞれの意見を次々に模造紙に書いていく子どもたち。

「にほんのせんせいも、そのばしょにいって、べんきょうをおしえてあげる」「ひつようなものを、わけてあげる」など、今の日本が取り組む国際支援に迫る意見も出ました。

その姿を見て**「1年生だからわからないだろう」と侮ることなく、ありのままを伝えてよかったと感じました。**この経験は自分自身が海外研修という新しい挑戦に一歩踏み出したからこそつかむことができたものです。

プロの書家の方に筆文字を習ってきた経験

ある日、同僚の先輩からのお誘いで、プロの書家の方に筆文字を習う機会をいただきました。**断ることもできましたが、やはりここでも「やってみよう!」という好奇心とチャレンジ精神が勝ちました。**

せっかくなので、学んだ筆文字を子どもたちのために使いたいと思いました。**それから毎日1つ、子どもたちに伝えたい格言を書き続けています。**100円ショップで購入できるハガキサイズのスケッチブックと筆ペンを使って書き、2冊書き溜まると一枚一枚切り離して、子どもたちにプレゼントしています。
「先生！　この名言は僕が予約したからね！　絶対に僕がもらうからね！」
なんて声をかけてくれる可愛い子どもたちです。

「どれだけ生きたかではなく、どう生きたか」

「苦労のない人生は、もったいない」

「自分の可能性を見くびるな」

「幸運より幸福を求めよ」

など、自己満足な取り組みですが、卒業後も子どもたちに自分らしく生きてほしいと願いを込めて伝えています。先日、高校生になった教え子が

「辛い時や苦しい時は、先生にもらった筆文字の言葉を見て、元気をもらっています」

と話してくれました。小さなことではありますが、これからも自分にできることで子どもたちの心を励ます言葉を伝えていきたいと思います。
これからも**「子どもたちに伝えたくなる実体験」**を得るため、チャレンジを続けます。

9 ユーモアを手段にして、子どもの心の扉を開こう（福井洸輔先生より）

まずは笑いで懐にもぐり込み、最後に本気で語るべし

どうも！　教育界のアントニーこと福井洸輔です（伝われ）。伝えたいことをそのまま言っても伝わらない子っていますよね。例えば、そもそも話を聴く気がない子とか、ぼーっとしていて自分ごとだと思っていない子とか。そして、そんな子どもの態度に気が滅入ったり、腹が立ってしまったり……。

まずは、「この人の話、続けて聴いてみたい」と思わせることが何より大切ですよね。

そんな時、私は、「Aを伝えたいから、Bから入る」という感覚を意識しています。

私の場合、Bにあたるのは、笑い（ユーモア）です。できるだけユーモアを交えて、例え話をたくさん使って、最後に伝えたいことを語るようにしています。

笑いを交えると、お互いの壁が一気に取り払われる感覚で、本当に伝えたいことがずん

ずん入っていくと感じます。

自分の想いを素直に表現できない子に「表現しろ！」と言っても仕方ない

私は中学校で7年間、野球部の監督をしていました。みんないい子だし、うまくなりたいって想いは一緒ですが、はじめはどうしてもそれが表に出せません。

例えば、練習試合の日。「試合に出たい人？」と聴いても、はじめは誰も手を挙げない。一人もですよ（笑）。「嘘だろ？」って思いますよね。でも事実。

本当は出たいんだけど、「みんなの前で失敗したくない」とか、「自己主張したら調子に乗っていると思われる」とか。今どきの子はそんなことばかり考えちゃって、自分を出せずに終わっちゃうことが多い気がします。で、私がどうしたか。

「あのねぇ、こういう時は嘘でもいいから『はい！』って思いきり手を挙げるんだよ！」「はい、じゃあもう一回いくよ！　準備いいか？　試合に…出たい人？」って、これを何回も何回も繰り返しました（笑）。

何回もやっているうちに、だんだんと調子に乗って「はい！」って言い出す子が出てくる。そうしたらその子を、「いいねぇ！　よく言った！　素晴らしい！」とか言って、どんなに下手でも本当に試合に出します。

そうすると、だんだんと「え？　本当に出られるの？」なんて悔しがる子が出てくる。

そのうち試合に出た選手がエラーした時なんかは、聴いてもいないのに、みんな「はい！はい！」って言いながら近寄ってきて、出場をアピールしにくるようになります。

…まぁ、「味方のエラーを喜ぶような奴はダメだ！」って追い払うんですけどね（笑）。

子どもからしたら本当に訳わからないですよね。私が試合に出たい子はアピールしにきてねと言ったのに（笑）。子どもも私もみんな笑っている。これがいい。

普通なら「なんで誰も手を挙げないんだ！　やる気ないならやめろ！」と激高したり、「あぁ、なんでうちのチームはこうなんだ」と落ち込んだりするのではないでしょうか。

でも私は違う。

笑いを交えることで、まず私の方に心を向かせます。そもそも1つの失敗だけで、「はい、ダメ」なんて言う関係じゃ、本音なんて出るはずないですからね。

ふざけていても、最後はやっぱり真剣に語る

そしてここが一番大事。私は、子どもに対して散々ふざけまくって、吉本新喜劇みたい

なやりとりをした後、一番伝えたかったことを真剣に語ります。例えば先ほどの部活動の例でいえば、

「みんなさ、好きで野球やっているんだから、遠慮していちゃダメだよ。先生はみんなに、チャンスを自分からつかみにいけるような人間になってほしい。今日それができた子、素晴らしい。続けようね。今日できなかった子、次はがんばってみようよ。必ずできるようになるよ!」といった感じでしょうか。

教師として、目の前の子どもに、どんな大人になってほしいですか?

それは子どもにちゃんと伝えていますか?

子どもの態度に文句ばかり言っていても、現状は変わりません。こっち(教師)が遠慮して何も伝えなかったり、迎合したりしてはダメだと思います。

私は、得意なユーモアをBにして、本当に伝えたいAを伝えています。

あなたも、あなたの得意な手段で、子どもの心をまずこっちに向かせて、ぐっと引きつけた後「想い」を伝えられるようになってほしいと思います。

10

「本気で関われば、必ず伝わる！」

泥くさく向き合う中で生まれたエピソードの数々

本気で関われば、必ず伝わる！（杉野功宜先生より）

「どのように関われば、生徒に想いは伝わりますか？」若い先生方から質問された時、決まって次のように返事します。「共に泣き、共に笑い、教師がどれだけ親身になれたか、本気になれたかで伝わり方は違うよ」。私自身、本気で生徒と関わってきました。

エピソードⅠ　「掃除がんばる子に桜咲く！」

ある一人の女子生徒との出会いです。彼女は何事も面倒くさいと言い、スカートは学年で一番短い。やんちゃなこともしますが、情は伝わる生徒だと私は信じていました。掃除の時間はいつもぼーっと立っていることが多かったので、**「掃除がんばる子に桜咲く！」**と私は伝えました。その生徒は全く信じておらず

「どうせ、先生が掃除をさせたいだけやろ?」という様子でした。

「一度だまされたと思ってやってみたら?」度重なる誘いの効果もあり、月日が経つにつれ、少しずつ掃除ができるようになってきました。

彼女のお気に入りの学年主任の先生がガラスクリーナーとガラスモップをプレゼントしてくださったこともきっかけの一つです。

そして高校入試合格発表日、彼女は後輩にこんなメッセージを残していたそうです。

「『掃除がんばる子に桜咲く』。最初は全く信じていなかったけど、ちょっと信じてよかったぁ。今では後輩に私も胸を張って言える。『掃除がんばる子に桜咲く』。熱い担任で、最初は何ゆってんのぉ〜と全くついていけなかったけど、修学旅行一緒にまわってくれたりとか、受験勉強ノート交換してくれたりとか、少し感謝してる。最後の最後まで熱くるしい思いに付き合ってあげないといけなかったけど、『掃除がんばる子に桜咲く』。私の心に生き続けるフレーズです」と。この文章を読んだ時、目頭が熱くなりました。

エピソード2 「集合をかけていないのに、どうして集まってくる?」

私は女子バレーボール部顧問です。いつも選手に伝えるのは「ひたむきなハートが大き

な感動を呼ぶ！　本気でやろう！」ということです。

部活動ではどうしても厳しくする場面があります。しかし絶対に生徒の人格を否定することは言いません。**また、答えを与えるばかりでなく、「どうしたら強いスパイクが打てると思う？」と疑問形で投げかけて、待ち、考えさせるようにしています。**

ある年、選手にも恵まれ、近畿大会に出場しました。そして3月。転勤がわかってから、練習最後の日の出来事です。全員がにやにやしながら集合してきました。

「どうしたんだろう？」と思いながら、いつものようにレシーブ練習から始めようとすると、全員が着ていたチームのトレーナーを脱いで、ユニフォーム姿で私の出すボールをレシーブしたのです。

普段の練習では叱ってばかりだったのに…。公式戦しか着用しないユニフォームを私との最後の練習のためにサプライズで着ていてくれたことに感動し、あふれ出る涙をこらえながら、最後のボール出しをしました。**「本気で関われば、必ず伝わる！」私の教師としての信念は間違っていなかったと感じました。**

エピソード3　「授業ボイコット。グラウンドへ来い！」

「嬉しい、楽しい、ついている」などの美しい言葉が美しい心をつくります。この信念のもと、学級ではこれらの「天国言葉」を徹底させます。

地獄言葉（最悪、面倒くさい、キモ、死ねなど）を使っているところを見た時は、**「えっ、それ天国言葉？」**というような会話で、楽しみながら信念を伝えています。

ある年の私の誕生日。教室に行くと**「授業ボイコット。グラウンドへ来い！」**と書かれた紙が黒板に貼ってありました。急いでグラウンドへ行くと、生徒が全力ダッシュで出てきた私を囲み、クラッカーで「おめでと〜！」とお祝い。

学級へ戻ると私のためにつくってくれたパワーポイントのスライドやプレゼント（天国言葉のオンパレード）。このサプライズに感動し、絶対お礼をしたいと心に決めました。

夏休みの琵琶湖バーベキュー、ポッキーゲーム、スイカ割り。生徒の笑顔はもちろんのこと、私自身が一番楽しんでいる。これが大切な教育の神髄であると感じました。

「本気で関われば、必ず伝わる！」「教師自身が心から楽しむ！」これが私の昨今常々感じることです。また、ありきたりな「先生っぽさ」にはまりすぎないことです。生徒はすぐに嘘を見抜きます。ありのままぶつかればいいのです。熱い本気の想いは届きます。

おわりに

ここまで読んでいただき、本当にありがとうございました。

気付いたと思いますが、「聴く力」と「伝える力」は、相乗効果で威力を増します。

「聴く」ことで人間関係を構築すれば「伝えたいこと」がより子どもの心に刺さります。子どもの声を「聴く」ことで「伝えたいこと」が生まれることもあります。

しかも、教員の仕事が極論この2つで回っているとわかっていれば、今自分がどっちに寄っているか客観的に判断して、割合を調整することもできます。

私は昨年度、転勤したばかりの中学校で、3年生を担当したのですが、7月まではだいぶ「聴く」に寄っていました。まずは人間関係の構築。そして信頼関係が生まれ始めた9月からは「伝える」を増やし、進路決定に向けての12月は再び寄り添うための「聴く」を増やしました。最後、卒業間際には「伝える」が爆発しました（笑）。

子どもたちから「熊谷先生大好き！」「熊谷先生に出会えてよかった！」「史上最高の先生だ！」と言われた時は、やっぱり嬉しかったです。

また、文章の中には、偉そうにも、いくつかの「提案」があったと思います。賛否両論あるかと思いますが、**現場の人間からの声を届けたかったのです。待っているだけじゃ変わらない。自分たちの働く環境は、きっと自分たちで勝ち取るものです。**

「私も先生になりたいです！」と目を輝かせて話してくれた教え子たちに、胸を張って引き継げる教育界を残すためにも、制度の改善は絶対に必要なのです。

まだまだ他にもあります（要望が止まらないパターン）。

①部活動の地域移行に伴い、まずは教員が地域クラブの指導者になるという副業を解禁するのはどうでしょう。部活動の指導がしたくて先生になったという方も現にいますし、教員ほど子どもの指導がうまい大人はなかなかいないと思います。人材です。

②地域の力を借り、子どもと農業するのはどうでしょう。特に地方では空いている耕作地もありそうです。人口が減っていく中、食料生産に関わることは大切だと思います。

③宿題は選択制にしてはどうでしょう。家での過ごし方は自由。学習は権利なので選べるということが大切だと思います。家での学習は親と子どもに譲りましょう。

④中学校の初任者は担任を外し、主に授業だけを行うようにしてはどうでしょう。そして、学校中の先生の仕事ぶりを見に行けるように。ちゃんと研修を受けられるように。

⑤年度はじめの忙しさは本当に異常です。全国の教員が、子どもと出会う最も大切な時に、最も余裕のない、ギリギリの状態で働いています。これがどれほど教員の自己肯定感を下げているか…。授業時数を減らすとか、夏休みを短くするでもいいので、入学式と始業式をあと１週間遅くしてください。準備期間が短い！　子どもの声が聴けない。

⑥教職員の給料を上げてください。人を増やしてください。現場で力を発揮している常勤講師の方を採用試験で合格にしてください。これが核心です。それを避けて、いかに外側を取り繕っても、根本的には何も解決しません。現場に人をください。

⑦校長先生、覚悟の改革をお願いします。残り任期数年。誰でも、自分の代では大きく変えずに、無難に終わることを望むのは普通だと思います。しかし、批判も恐れず、子どもと後輩のために道をひらくかっこいい背中を見せてください。校則もそう、勤務スタイルもそう、人事もそう、偏る仕事量もそう。現場の教員は駒ではなく、血の通った人間です。何卒お願いします。四十代で校長になれる人を出してもいいのでは。

この本を完成させるにあたり、尊敬する両親、兄弟、友達、関わってくれたすべての現場の素敵な先生方に感謝を捧げます。明治図書の佐藤さんと、執筆を協力してくれた先生方には、心からの感謝を。

今でも仕事への活力をくれる後藤先生、ありがとうございます。ずっと忘れません。

毎日笑顔で見送ってくれて、迎え入れてくれる妻には心から感謝しています。仕事の話も聴いてくれて、褒めてくれます。妻であり、親友であり、相棒です。

また、最愛の3人の子どもたち。私の宝物であり、生きる希望です。これからも自慢の父ちゃんであれるよう、努力します。長生きしてね。

そして、私の教育の根本である「教育哲学」を教えてくれた師匠、池田先生には最大の感謝をします。私にも、教育者としての軸が、ほんの少しずつできてきました。

この本を読み、少しでも共感していただけた方は、この本が必要な人へオススメしていただけないでしょうか。何卒お願いします。みんなで公教育を、次の世代へ。

最後に、大好きな作家「魯迅」の言葉を紹介して終わります。

「最後の勝利は、喜ぶ人々の数にあるのではなく、どこまでも進撃する人々の数にある」

「聴く力」「伝える力」で、あなたの教員生活が楽しくなることを心から願っています。

著者　熊谷　雅之

協力していただいた先生方の紹介

乾倫子先生

あったかい人柄。日本を代表するペップティーチャー。言葉の威力がメジャー級。お母さんでもあるなんてすごすぎる！　生きるパワースポット！

杉本耕平先生

愛知の教員。野球部の顧問として切磋琢磨した仲。全国大会に出場経験あり。今は地域の部活動の取りまとめ役をしている。厳しくも優しいしっかり者。

二川佳祐先生

東京の教員。オンライングループを管理運営し、仲間や人とのつながりを大切にしてくれる方。タブレット端末の使い方は絶対彼に聴くべき。習慣化の鬼。

古内しんご先生

東京の教員。「つみき」というグループの代表。「繋ぐ、皆を、教育で」を旗印に、子育て教育を社会で考えられる場づくりをしている。無限に優しい。

五十嵐太一先生

栃木の教員。とにかく子どもたちと織り成した自学の作品には、日々の実践に裏付けられたど迫力がある。謙虚で向上心があって優しい家族想いのお父さん！

庄子寛之先生

説明不要の教員界のスーパースター。恩人。『子どもが伸びる「待ち上手」な親の習慣』（青春出版社）というベストセラー本出版の他、多方面で活躍。

小出潤先生

千葉の教員。共に幕末の教育者、吉田松陰先生を尊敬する同志。子ども一人一人の命を最大限に輝かせるという志を立て、大和魂を胸に行動するかっこいい先生。

宮川勇作先生

愛知の教員。「子どもたちと共に未来を創る」をモットーに、情熱を燃やす小学校の教員。言葉の力を信じて続けている「ポケ筆」は子どもにも大人気の実践。

福井洸輔先生

愛知の教員。熊谷が心から尊敬し、信頼する相棒。親友。感覚派の教育者で、子どもと接する姿を見れば彼が間違いなく天才であることがわかる。

杉野功宜先生

滋賀の教員。子どもに寄り添うとは口で言うほど簡単ではないが、それを現実にやってのける人情味あふれる先生。明るくて、笑顔が優しくて、頼もしい先輩。

参考文献

・『法華経の智慧』池田大作　聖教新聞社
・『最終講義』中井久夫　みすず書房
・『独裁体制から民主主義へ』ジーン・シャープ（瀧口範子訳）筑摩書房
・『群衆心理』ギュスターヴ・ル・ボン（櫻井成夫訳）講談社
・『牧口常三郎の教師論』古川敦　論創社
・『池田大作「教育提言」を読む』池田大作　松藤竹二郎　毎日ワンズ

【著者紹介】

熊谷　雅之（くまがい　まさゆき）

愛知県の公立中学校に勤務。

「子どもの幸せを第一に考えた教育の実践」「現場で奮闘する先生方と共に楽しく働くこと」を目指し、執筆や講演などを行う。市内の教育論文コンクールで最優秀賞を受賞。「幻冬舎ルネッサンス新社」が主催する出版コンクールで大賞を受賞。『教師は学校をあきらめない！　～現場発信　子どもたちを幸せにする教育哲学～』を出版。Amazon 教育部門ランキングで１位を獲得。2022年３月、「みらいパブリッシング」から『中学校に行くのが楽しくなる本』を出版。全国学校図書館協議会の推薦図書に認定。「＃教師のバトン」プロジェクト、文部科学省認定教員。これからも現場の最前線で働くことに誇りをもち、現場の実情を発信していく。

「聴く力」「伝える力」を高めて先生を楽しむ秘訣
ウェルビーイングな教師の「コミュ力」高い働き方

2023年９月初版第１刷刊　Ⓒ著　者　熊　谷　雅　之
発行者　藤　原　光　政
発行所　明治図書出版株式会社
http://www.meijitosho.co.jp
（企画）佐藤智恵（校正）武藤亜子
〒114-0023　東京都北区滝野川7-46-1
振替00160-5-151318　電話03（5907）6703
ご注文窓口　電話03（5907）6668

＊検印省略　組版所　株式会社アイデスク

Printed in Japan　ISBN978-4-18-339828-4